이제야 삶이 말이 되었다

이제야 삶이 말이 되었다

계급장을 뗀 간호장교들의 새로운 뜀걸음

초 판 1쇄 2025년 12월 10일

지은이 나정순, 방연주, 송주영, 심화정, 이다인, 이순영, 장정현
기획자 이경숙
펴낸이 류종렬

펴낸곳 미다스북스
본부장 임종익
편집장 이다경, 김가영
디자인 임인영, 윤가희
책임진행 김요섭, 이예나, 안채원, 김은진, 국소리

등록 2001년 3월 21일 제2001-000040호
주소 서울시 마포구 양화로 133 서교타워 711호
전화 02) 322-7802~3
팩스 02) 6007-1845
블로그 http://blog.naver.com/midasbooks
전자주소 midasbooks@hanmail.net
페이스북 https://www.facebook.com/midasbooks425
인스타그램 https://www.instagram.com/midasbooks

© 나정순, 방연주, 송주영, 심화정, 이다인, 이순영, 장정현, 미다스북스 2025, *Printed in Korea*.

ISBN 979-11-7355-613-5 03810

값 19,500원

※ 파본은 구입하신 서점에서 교환해드립니다.
※ 이 책에 실린 모든 콘텐츠는 미다스북스가 저작권자와의 계약에 따라 발행한 것이므로 인용하시거나 참고하실 경우 반드시 본사의 허락을 받으셔야 합니다.

미다스북스는 다음세대에게 필요한 지혜와 교양을 생각합니다.

이제야 삶이 풀이 되었다

계급장을 뗀 간호장교들의 새로운 뜀걸음

나정순
방연주
송주영
심화정
이다인
이순영
장정현

미다스북스

추천사

가장 나다운 이름으로 다시 빛나기까지

저자들과 같은 시대에 함께 군 생활을 했던 선배로서, 일곱 후배가 푸른 제복을 벗고 써낸 이 책을 미소 지으며, 눈물지으며, 가슴 뭉클한 감동으로 읽었다. 뜨거운 사명감으로 나라를 지키던 간호장교들이, 이제 계급장을 떼고 사회라는 새로운 전장에서 '가장 나다운 이름'을 찾아가는 여정이 고스란히 담겨 있다.

『이제야 삶이 말이 되었다』

이 제목을 처음 마주한 순간, 마음 깊은 곳에서 잔잔한 울림이 일었다. 이 책은 치열했던 군 시절을 지나, 전역 후의 공허함과 두려움을 피하지 않고 마주하면서 성숙해 가는 간호장교들의 인간적인 고백이다. 군의 냉철함 속에서도 따뜻함을 잃지 않았던 군인의 자부심과 삶의 전환점에서 겪는 성장통이 글 한 줄 한 줄에 절절하게 배어 있다. 군이라는 조직 속에서 다져진 이들의 리더십과 책임감은 전역 후 흔들리는 삶 속에서 자신을 붙잡고 다시 일어서게 하는 단단한 힘이 되고 있다. 이들은 과거의 익숙함을 버리고 세상으로 당당히 걸어 나가고 있다.

가장 감동적인 부분은 이 이야기가 단지 간호장교의 기록이 아니라 새로운 여정, 삶에 대한 성찰을 담고 있다는 점이다. 이들은 삶의 무게를 담담히 받아들이는 용기, 새로움 앞에서 두려움보다 설렘을 택하는 결단, 그리고 자신이 걸어온 길을 타인의 희망으로 바꾸려는 리더십을 보여 준다. 삶의 쉼표와 마침표 사이에서 방황하는 모든 이들에게, 저자들은 '지금 당신의 삶도 충분히 말이 된다.'는 따뜻한 위로와 용기의 메시지를 건넨다. 모든 문제의 답을 결국 자신에게서 찾으려 했던 그들의 진솔함이야말로 독자들에게 스스로 해답을 찾아 나설 용기를 심어 주는 가장 강력한 힘이다. 새로운 시작을 앞둔 모든 독자에게 자기 발견과 위기 극복의 강력한 에너지를 선사하리라 믿는다.

이들의 용기 있는 글쓰기가 더 많은 사람에게 삶의 위안과 새로운 시작의 불씨가 되길 바란다. 군복을 벗은 뒤에도 '평생 현역'의 정신으로 세상에 선한 영향력을 펼치는 자랑스러운 후배들의 찬란한 앞날을 응원한다. 이 책에 담긴 진심의 목소리가 누군가의 하루를 다독이고, 다시 일어서서 걸어갈 힘을 건네주길 소망한다.

윤원숙
前 국군간호사관학교장(예비역 육군 준장)
前 대한간호협회 이사
現 한국재향간호장교회장

인생 2막, '가장 나다운 삶'을 향한 용감한 항해!

2018년 어느 날, 국군수도병원의 독서 모임을 주관하는 간호장교 한 명으로부터 장문의 출강 요청 메일을 받아 특강을 하게 되었다. 나는 강의 말미에 책을 쓴다고 생각하면 정말 많은 것이 달라진다면서 남의 책만 읽지 말고, 각자의 스토리로 자기 책을 한 권씩 써 보라고 제안했다. 며칠 후 그녀는 책을 쓰기로 결심했다면서 나중에 책을 내면 꼭 연락하겠다는 메일을 보내왔다.

몇 달이 지났다. 책 표지 작업이 끝났다며 표지를 골라달라는 연락을 해 왔다. 또 두어 달이 지나 책이 나왔는데, 출간되자마자 베스트셀러가 되었다는 소식을 전해 왔다. 참으로 놀라운 실행력이었다. 그런데 이번에도 또 한 권의 책을 출간하게 되었다는 연락을 해 왔다. 저자 중 한 명과의 인연은 이렇게 이어지고 있다.

원고를 통해 군복을 벗고도 여전히 '사람'을 향한 사명을 잃지 않은 이들, 바로 이 책의 저자들을 만났다. 이 책은 단순한 에세이가 아니다. 나는 이 책이 몇 가지 측면에서 변화와 성장을 꿈꾸는 독자들의 잠재의식을 깨워 행동으로 실천하게 만드는 심리적 기폭제가 될 수 있다고 생각해서 강력히 추천한다.

첫째, 인생의 전환점에서 주저하는 이들에게 구체적인 나침반을 제시한다. 계급장을 내려놓은 일곱 명의 간호장교들이 '보다, 묻다, 만나다, 말하다, 숨쉬다, 잘살다'라는 여섯 개의 동사로 풀어낸 이야기는 막연한 조언이 아닌, 실제 삶에서 체득한 지혜이기에 더욱 설득력이 있다.

둘째, 진정성 있는 고백이 주는 위로의 힘이 있다. 명령과 규율 속에서 단단히 다져진 이들이 자신의 흔들림과 두려움까지 솔직하게 드러낸다. 이 용기 있는 고백은 비슷한 여정을 걷는 이들에게 '나만 그런 게 아니구나.'라는 깊은 공감과 위로를 선사한다.

셋째, 꿈을 실천으로 옮기는 구체적인 증거를 보여 준다. 물을 바라보는 것만으로 바다를 건널 수는 없다. 이 책의 저자들은 꿈꾸는 것에 그치지 않고 행동으로 실천해 각자의 꿈을 이루고 책을 출간했다. 하고 싶지만 머뭇거리는 당신에게 '나도 할 수 있다.'는 용기와 자신감을 준다. 이 책을 추천하는 가장 중요한 이유다.

이 책은 새로운 인생의 문턱에 선 사람들에게, 군복을 벗고도 여전히 뜨거운 사명을 좇는 용감한 여성들이 건네는 가장 따뜻하고 실용적인 변화의 초대장이다. 이들의 '두 번째 뜀걸음'이 당신의 삶에 희망의 불씨를 남기기를 진심으로 소망한다!

이민규
『끌리는 사람은 1%가 다르다』, 『실행이 답이다』, 『하루 1%』 저자
아주대 심리학과 명예교수

저자 소개

나정순

대한민국 육군에서 30년간 장교로 복무하며 리더십과 조직 운영의 경험을 쌓았고, 국군간호사관학교 교수를 역임했다. 현재는 한국양성평등교육진흥원 폭력예방통합교육 위촉 전문강사로서 성평등한 문화를 확산하는 데 힘쓰고 있으며 한국코치협회 인증 코치로 활동하고 있다.

방연주

VVIP(하나님의 Vision을 품은 Viewtiful Planner). 중환자간호 주특기자, 훈육관 출신답게 사람을 살리는 데 정성을 쏟는 교육 선교사. 평일에는 유디간호학원 분당 야탑점 학원장으로, 주말에는 분당소망책N꿈 교사로 활동하며 '앎을 삶으로 실천'하는 습관 코칭 전문가이다.

저서 『그냥 평소처럼 말했을 뿐인데』(2019), 『화해』(공저, 2025) 등
인스타그램 yj00408

송주영

송주영 바른스피치 대표. 국내 최초의 간호장교 출신 아나운서. 군 복무 중 국방TV 앵커로 일한 경험을 살려 전역 후 프리랜서 아나운서로 자리매김했다. 11년 차 프레젠테이션 전문가이자 스피치 강사로서 꾸준히 활동하고 있으며 최근에는 산업안전 보건교육 강사로도 활약하며 말과 사람을 잇는 '프로 N잡러'로 살아가고 있다.

심화정

10여 년간 군 및 국가기관에서 간호와 교육 업무를 담당하며 사람들의 건강과 안전을 지켰다. 육아에 전념하고자 퇴사 후 전업주부로 살아온 지도 어느덧 5년. 돌봄의 무게 속에서 삶을 다시 바라보고 기록하기 시작했으며, 이제는 사회로 나아가기 위해 준비하고 있다.

이다인

전직 간호장교, 현직 잡그레이드 대표. 기업 교육과 전문 면접관 활동을 한다. 데이터 분석으로 냉철한 좌뇌를, 향기 테라피로 따뜻한 감성의 우뇌를 단련하는 중이다. Super Multi Specialist로 90세까지 일하는 삶이 목표이고, 끝없이 도전하며 Job(업,業)그레이드하는 삶을 추구한다.

공저 『데이터로 이해하는 HR 실무』, 『면접관의 시선』
블로그 blog.naver.com/happy_dain

이순영

34년간 간호장교로 복무하며 군 병원 임상·관리, 간호 교육, 의료 관리, 보건 정책, 감염병 대응 등 다양한 분야에서 열정적으로 일했다. 복무 중 모교인 국군간호사관학교에서 교수로 근무했고, 서부 사하라에 파병되어 UN PKO 의무지원 임무를 수행했다.

현재는 한국코치협회 전문 코치로서 리더십, 진로·커리어, 라이프 코칭을 통해 개인과 조직의 성장을 돕고 있다. 사람들의 웰리빙을 돕고, 나의 웰리빙 삶을 꿈꾸며 건강한 루틴을 실천한다. 늘 새로운 배움을 추구하며, 틈날 때마다 '사람 냄새 나는 글' 쓰기를 즐긴다.

장정현

전직 간호장교. 정신보건간호사, 現 초등학교 보건교사. 한국 최초 DBT(다이어렉티컬 행동치료) 치료팀에서 근무했던 인연으로 15년째 명상 수련을 이어 가고 있다. 인성 교육과 사회 기여를 위해 비폭력 대화와 감정 코칭을 접목한 관계 회복 프로그램을 계획 중이다. 금쪽같은 늦둥이 아들의 해맑은 웃음소리와 조잘거리는 일상 얘기를 들을 때 가장 행복한 엄마로 살고 있다.

추천사 ... 4
저자 소개 ... 9
들어가는 글 ... 15

1장 보다: 새로운 시선으로

1 — 천사의 친절을 보다 (나정순) ... 25
2 — 초점을 맞추며 세상을 바라보다 (방연주) ... 31
3 — 답은 나에게 있다 (송주영) ... 37
4 — 아이를 보고, 나를 본다 (심화정) ... 43
5 — 데이터로 세상을 보다 (이다인) ... 49
6 — 이제야 나의 세상을 펼쳐 보다 (이순영) ... 55
7 — 나를 보듯 세상을 보다 (장정현) ... 61

2장 묻다: 세상을 향해

1 — 페미니즘이 불편해? (나정순) ... 69
2 — 학원인데, 정말 그렇게까지 해야 할까요? (방연주) ... 75
3 — 인생의 홀로서기는 언제부터일까? (송주영) ... 81
4 — 정답보다 중요한 건 무엇일까? (심화정) ... 86
5 — 그가 원한 건 무엇이었을까? (이다인) ... 92
6 — 오빠, 오늘은 어때? (이순영) ... 98
7 — 질문이 바뀌면 삶도 달라질까? (장정현) ... 104

3장 만나다: 소중한 인연을

1 — 골프에서 인생을 만나다 (나정순)   113
2 — 배움길에서 사람을 만나다 (방연주)   120
3 — 이름표 없는 나를 마주하다 (송주영)   126
4 — 작고 따스한 인연을 만나다 (심화정)   131
5 — 어른이 되어 닮고 싶은 어른을 만나다 (이다인)   136
6 — 특별한 인생 수업, 친정엄마를 다시 만나다 (이순영)   142
7 — 결국 인연으로 만나다 (장정현)   148

4장 말하다: 나의 언어로

1 — 훈련병 아들에게 걸어서 답하다 (나정순)   157
2 — 기록하며 꿈꾸고, 삶으로 말하다 (방연주)   163
3 — 특제 소스로 맛있는 이야기를 전하다 (송주영)   171
4 — 나를 위한 언어로 말하다 (심화정)   177
5 — 잘 말하는 비결, 질문에 답하다 (이다인)   182
6 — 떨린다. 나만의 언어로 전한다 (이순영)   188
7 — 배우고 말하며 연결하다 (장정현)   193

5장 숨쉬다: 뜀걸음을 멈추고

1 — 즐거운 활동으로 나를 깨우다 (나정순)   201
2 — 숨 맡기는 삶, 문을 열다 (방연주)   207
3 — 자유로운 여행으로 온전히 숨쉬다 (송주영)   213
4 — 숨을 고르다 (심화정)   220
5 — 이 순간, 마음 다해 숨쉬다 (이다인)   226
6 — 글쓰기, 내 삶의 쉼이 되다 (이순영)   232
7 — 명상으로 인생의 파도를 넘다 (장정현)   238

6장 잘살다: 나답게 단단하게

1 — 세 가지 열정으로 춤추다 (나정순)   247
2 — 배움으로 세상을 품으며 살아가다 (방연주)   253
3 — 잘 놀다 간다. 잘 살다 간다 (송주영)   259
4 — 다시 일어서 나아가다 (심화정)   264
5 — 세 가지 다짐, 나를 바꾸다 (이다인)   269
6 — 새로운 여정, 웰리빙으로 시작하다 (이순영)   275
7 — 커뮤니티와 함께 살아가다 (장정현)   282

마치는 글   288

들어가는 글

이순영

'이제야 삶이 말이 되었다.'

 이 문장은 우리의 지난 시간을 압축해 담아낸 한 줄 이야기다. 기쁨과 슬픔, 도전과 흔들림의 순간마저 헛되지 않았음을, 그 모든 경험이 지금의 우리를 만들었음을 이제야 이해하게 되었다. 삶의 조각들이 연결되고, 나답게 살아갈 힘이 생긴 지금, 우린 이 이야기를 글로 써야 했고 사람들과 나누고 싶었다.

 우리는 국군간호사관학교 출신으로 서로 다른 세대의 칠인 칠색(七人 七色) 인생 이야기를 품고 있다. 나이도, 삶의 궤적도, 성격도 다르지만, 글을 매개로 다시 만났다. 더 좋은 습관을 만들기 위해 시작한 소그룹 챌린지에서 매일 세 줄을 쓰는 'Wrightingales' Habit'(라이팅게일스 해빗)이 탄생했다. 어느 날 문득 '우리만의 책을 내 보자'는 제안이 현실이 되었다. 우연처럼 시작된 일이었지만, 글쓰기 밴드에서 농담처럼 언젠가 우리 책을 써 보자고 했던 순간을 돌아보면 모든 일이 필연처럼 느껴진다.

한여름의 열기 속에서 우리는 글쓰기를 시작했고, 글은 끈기로 쓴다는 각오로 활자들과 씨름했다. 글감을 고민하고 단어와 문장을 다듬는 과정은 마치 출산의 과정 같았다. 퇴고 과정에서 무한 반복의 늪에 빠진 것 같다고 털어놓던 동료 작가들의 한숨 소리가 아직도 귀에 생생하다. 포기하고 싶던 순간, 혼자가 아니라는 믿음과 고민 끝에 떠오른 단어 하나 문장 한 줄이 우리를 끝까지 붙들어 주었다.

화려한 성공담 대신 부족함과 상처까지 꺼내 보이는 이 책의 진심은, 비슷한 여정을 걷는 이들에게 깊은 공감과 위로가 되리라 믿는다. 우리는 순수하게 사람들에게 위로를 전하고 싶었다. 흔들려도 괜찮다고 담담히 말해 주고 싶었다. 우리도 여전히 흔들리고 있고, 흔들리며 여기까지 왔으니까.

우리는 사관생도로서 명예와 사명을 품고 가장 뜨거운 청춘을 같은 군복을 입고 보냈다. 체력과 정신력을 단련하며 간호학과 군사학을 바탕으로 생과 사가 교차하는 현장에 뛰어들 준비를 했다. 졸업과 동시에 간호장교가 되어 군 병원, 야전 부대, 해외 파병지, 그리고 행정과 관리 직에서 각자 사명과 책임을 다해 왔다. 그 다양한 경험은 우리에게 간호 전문성은 물론, 리더십, 행정력, 그리고 사람을 대하는 능력을 키워 주었다.

영원할 것 같지만, 군인이면 누구나 군복을 벗어야 하는 순간이 온다. 전역은 새로운 시작이었지만, 동시에 정체성을 다시 세워야 하는 낯선 공백이기도 했다. 오랫동안 '간호장교'로 살아왔기에, 그 이름표를 내려놓았을 때 자신을 어떻게 불러야 할지, 앞으로 어떤 삶을 살아야 할지 막막한 순간이 찾아왔다.

이 책은 바로 그 물음에서 출발했다.

"이제, 나는 어떤 삶을 살아야 하는가?"
"군에서의 경험이 내 삶에 어떤 의미가 되는가?"
"앞으로 나는 어떻게 나를 이야기할 수 있을까?"

우리는 이 질문에 대한 답을 '보다, 묻다, 만나다, 말하다, 숨쉬다, 잘 살다'라는 여섯 개의 동사로 정리했다. 이 단어들은 우리의 능동적 시선이며, 삶의 자세이자 삶을 대하는 방식이다.

1장 〈보다〉는 군 시절에는 미처 보지 못했던 삶의 모습을 다시 바라보는 여정을 담았다. '보다'는 단순한 시각적 행위를 넘어 세상과 자신을 새롭게 인식하는 태도를 의미한다. 우리는 각자 시간이 머무는 세계에서 숨은 의미를 발견한다. 타인의 삶을 통해 나를 비추며, 익숙함 속에서 낯섦을 찾아낸다. '보다'는 세상을 향한 시선이 곧, 성찰과 성장이 시작되는 출발점이란 사실을 알려 준다.

2장 〈묻다〉는 삶의 길목마다 두려움과 의문을 마주하며 스스로 끊임없이 물음을 던지는 여정을 담았다. 우리가 끝없이 던지는 "왜?"라는 질문은 단순한 의문이 아니라 성찰의 출발점이다. 자신에게 묻고, 타인에게 물으며, 답 없는 물음 앞에 서며 우리는 깊어진다. 저자들은 질문이 달라질 때 삶 또한 달라진다고 일관되게 말하며 그 증거를 보여 준다.

3장 〈만나다〉는 삶의 전환점마다 뜻밖에 찾아온 소중한 인연과의 만남을 이야기한다. 만난다는 것은 관계 속에서 성숙하며 자신을 완성해 가는 여정이다. 취미, 사물, 가족, 스승, 동료와의 만남은 때로 기도의 응답이 되고, 때로는 삶을 완성하는 조각이 되기도 한다. 진정한 만남은 마음으로 이어지며, 결국 자신의 내면과 만나는 순간으로 확장된다.

4장 〈말하다〉는 그간 두려워 마음속에 묻어 두었던 생각과 감정을 목소리로 세상에 내보내는 용기에 대하여 말한다. 단순히 잘 말하는 기술보다 진심이 담긴 언어가 사람들에게 큰 울림을 줄 수 있다는 사실을 알리고자 했다. 걸음으로, 질문으로, 삶의 특제 소스라는 단어로 풀어낸 말은 나를 표현하고 타인과 연결하는 힘이 된다. 결국 말하기는 관계를 이어 주고 자신을 성장시키는 힘이자 용기이다.

5장 〈숨쉬다〉는 치열한 일상에서 멈춰 그간 놓치고 살았던 숨 고르기를 배우며, 자신답게 살아가는 쉼의 지혜를 담았다. 숨 막히는 삶에서 벗어나 즐거운 활동과 여행, 글쓰기와 명상으로 자신을 회복하는 과정은 단순한 휴식이 아니라, 새로운 힘을 얻는 도약의 시간이다. '숨쉬다'는 자기 성찰과 재충전의 시간을 통해 삶의 균형을 되찾고, 다시 시작할 용기를 주는 메시지를 전한다.

6장 〈잘살다〉는 삶의 마지막 질문에 대한 대답이자, 우리가 지향하는 궁극적인 삶의 태도에 관한 이야기다. 마음이 움직이는 대로 살고 웰빙 루틴을 만들며, 때로 넘어져도 다시 일어나 걷는 자신을 격려한다. 잘 사는 것은 완벽함이 아니라 부족해도 실수해도 괜찮다고 자신을 다독이고, 사람들과 더불어 살아가며 의미를 찾는 과정이다. 결국 '잘살다'는 나답게, 기쁘게, 그리고 함께 살아가는 삶의 완성이다. 후회 없는 하루, 의미 있는 관계, 스스로 만족할 수 있는 삶, 그 자체가 '잘 사는 것'이라는 깨달음을 전한다.

 이 여섯 개의 동사는 단지 챕터 제목이 아니라, 우리가 살아온 여정이자 앞으로 이어 갈 삶의 방식이다. 우리는 열린 시선으로 보고, 질문을 던지며, 세상과 만나고, 감정과 생각을 말로 표현하고, 숨 고르며, 후회 없는 삶을 살아갈 것이다.

 이 책을 함께 쓰며 우리는 웃고 울었다.
 "아, 나만 그랬던 게 아니었구나." 하는 안도감, "저렇게도 살아갈 수 있구나." 하는 신선한 공감, 그리고 "나도 다시 시작할 수 있겠다." 하는 용기가 마음에 차올랐다.
 우리가 이 책을 세상에 내놓는 이유는 단순하다.
 우리의 이야기가 누군가에게 또 다른 시작의 용기가 되기를 바라는 마음 때문이다.
 오늘을 살아가는 서른에서 예순을 지나는 대한민국의 여성들, 새로운 커리어와 도전을 꿈꾸는 분들, 또 다른 인생 앞에서 망설이는 분들, 이 모든 분에게 이 책이 위로와 용기를 건넬 수 있기를 바란다.

 우리에겐 언제나 예기치 못한 삶의 전환이 찾아온다. 우리는 그때마다 다시 배우고, 다시 시작한다. 군복을 벗은 뒤에도 우리는 여전히 배우고 있다. 삶의 무게와 아름다움, 고통과 기쁨, 도전이 주는 의미를.

그리고 이제야, 정말로 이제야, 우리의 삶이 말이 되기 시작했다.

『이제야 삶이 말이 되었다』는 여전히 성장하고 있는 일곱 명 여성의 생생한 이야기이다.
우리는 이 책으로 다시 말한다.
삶은 완결된 문장이 아니라, 계속 이어지는 열린 이야기라고.

그리고 우리는 믿는다.
이 책을 펼친 당신의 삶 또한 언젠가 분명히 말이 되기 시작할 것임을.

1장

보다 : 새로운 시선으로

세상은 나로부터 시작된다. 세상의 변화를 이끌고 싶다면 자신에게 집중해서 나부터 변해야 한다. 나를 보는 눈이 달라지면 내가 달라질 수 있다. 그리고 그 바뀐 시선으로 바라보는 세상은 분명 이전과 같은 세상일지라도 전혀 다른 느낌일 것이다.

1

천사의 친절을 보다

나정순

사람들의 어떤 행동은 다른 사람의 영혼을 씻어 주고 마음에 용기를 준다. 그들을 '작은 천사'라고 부르고 싶다. 그들의 사소한 움직임이 내 안에서 커다란 파문을 일으켰다. 돌이켜보면 인생의 중요한 순간마다 이들이 있었고 그 작은 친절이 삶의 방향에 빛을 밝혀 주었다.

초등학교에 입학한 다음 날이었다. 학교에서 집으로 돌아가는 길에 한 아이가 책받침을 내밀며 불렀다. "야! 이것 네 거지? 여기 떨어졌어." 약간 허스키한 여자애 목소리였다. 책받침을 받으며 나는 학교에 다닐 만하겠다고 가늠했다. 뭔가를 놓치면 그것을 찾아 주는 친구가 있구나. 그 친구 목소리에 깃들여 있는 순수함을 어린 나도 알아챌 수 있었다. 지는 걸 싫어하는 성격 탓에 초등학교 5~6학년이 되었을 때까지도 남자애들과 몸싸움하며 지냈다. 하지만 세상에 대한 불안이나 두려움 없이 씩씩하게 생활했다. 그 작은 친절이 없었다면 나는 삶에 대해 다른 태도를 갖게 되었을지도 모른다. 책받침을 주워준 J는 내가 집을 떠나 만난 첫 번째 천사였다.

사관학교를 졸업하고 장교로 군 복무를 시작했다. 인정받고 싶은 욕구가 컸기 때문인지 매일 긴장된 상태로 출근했다. 어느 날 잠을 거의 못 자고 근무하러 나갔는데 몸이 힘들어 업무에 집중할 수 없었다. 그날, 같이 근무한 선배는 내 상태를 금방 눈치챘는지 아무것도 묻지 않고 보이지 않게 일을 챙겼다. 점심시간에는 쉴 수 있는 공간으로 안내해 주기까지 했다. 그때 마음속으로 무엇인가 스며들어 왔다. 그동안 나는 말로만 친절을 보여 주려 했구나! 생색내지 않고 말없이 도움을 주는 행위, 그것이 가장 인간적인 배려였다.

시간이 지나 관리자가 되었을 때 어려운 처지에 있는 후배들의 사정을 항상 배려할 수는 없더라도 챙겨 주기 위해 마음을 썼다. 마음 한편에 어설픈 배려와 함께 따뜻한 온기를 간직할 수 있었던 건 그 선배의 경험을 마음 깊이 기억하고 있었기 때문이다. 선배의 모습은 내가 군 생활하면서 사람들을 대하는 기준이 되었다.

그 후 30여 년간 한두 해마다 이동하며 전후방 각지에서 근무했다. 평상시는 물론이고 명절에도 부모님을 잘 찾아뵙지 못했다. 멀리 떨어져 있다는 핑계였지만 늘 마음 한편으론 죄송했다. 어느 여름에 아흔 살이 넘은 엄마가 병원 검사를 받으셔야 하는데 동행할 사람이 없었다. 동생이 가기로 했는데 사정이 생겨 못 가고 내가 가려 하니 기차표가 매진이었다. 이런 난감한 상황에서 몇 년 동안 연락하지 않았던 고향의 외사촌 오빠가 불현듯 생각났다. 엄마와 병원에 동행해 줄 수 있느냐고 메시지를 보냈다. 이 뜬금없는 메시지에 오빠는 아무것도 묻지 않고 "내게는 고모야."라고 답하며 기꺼이 시간을 내주었다. 직접 가지 못해 난처해진 상황을 단번에 해결했다. 그 감사한 마음을 어떻게 다 표현할 수 있겠는가.

병원 검사 다음 날, 엄마는 새로 산 휴대전화가 안 된다며 평소와 달리 불편한 마음을 표현하셨다. 요즘 휴대전화 복잡하니 우선 유선 전화를 사용하자고 말씀드렸지만 잠이 오지 않았다. 시골에 내려가서 직접 사용법을 알려 드려야 하나? 다음 날, 내 휴대전화에 엄마 번호가 떴다. "여보세요." 하는 청년의 부드러운 목소리가 들렸다. 엄마가 동네 아주머니에게 문제를 하소연하자 아주머니 아들이 직접 도와주던 중이었다. 그는 '진동' 대신 '소리'로 항상 켜 두고 엄마가 쉽게 사용하도록 설명해 드리겠다고 했다. 한 시간 뒤 전화를 걸어 보니 엄마는 휴대전화가 잘 된다며 유쾌하게 웃으셨다. 안도의 숨을 쉬었다. 엄마 주변에 기꺼이 도와주는 선한 마음을 가진 사람들이 있으니 감사할 따름이었다.

올해는 미루고 미루었던 박사 논문을 시작하기로 결심했다. 논문 연구계획 발표를 위해 대학원 사무실을 10여 년 만에 방문했다. 오후 한 시에 예정된 발표를 위해 세미나실에 미리 도착했다. 그런데 PC 전원을 켜는 데가 보이지 않고 스크린도 없었다. 상황이 난감해지자 한번 인사한 적 있는 L 박사가 떠올랐다. 스크린이 어디에 있는지 묻는 메시지를 보냈다. 그녀는 곧바로 세미나실로 와서 PC와 프로젝터를 켜 주고 개인 포인터를 챙겨 주었다. 곤경에 빠진 이방인을 살뜰하게 챙기는 L 박사와 대화하며 부드러움이 내 마음에 스며들었다. 교수님들의 논문 피드백 내용만큼이나 L 박사의 낮고 차분한 음성과 응원이 가슴 속 깊이 남았다.

며칠 전 신문에서 Gen Z stare(젠지 스테어)라는 신조어를 보았다. Z세대의 시선이라는 의미인데, 직장이나 서비스업 현장에서 뚱한 표정으로 아무 말 없이 상대를 응시하는 모습이 자주 관찰되면서 이 신조어가 주목받게 되었다고 한다. 지난주 모임에 앞서 커피를 테이크아웃 하려고 한 카페에 들렀다. 시간이 빠듯하여 서두르며 주문했다. "아이스 아메리카노 한 잔요." 그러자 직원은 "키오스크 있어요."라고 무뚝뚝하게 말했다. 청년은 마스크를 쓰고 있었고 표정이 없었다. 키오스크에 내가 찾는 커피가 한눈에 보이지 않아 당황했다. 무료 바코드 쿠폰도 있었지만 그 청년에게 물었다가 낭패를 당할 것 같았다. 혼자서 침착하게 메뉴를 찾고 조용히 신용카드로 결제했다. 사람에게 더 다가가지 못하는 세상이 오지 않기를 바란다. 물론 눈치 없이 질문을 많이 하면 안 된다. 움직임도 청년처럼 민첩해야 한다.

우리 동네에는 실내 공기가 쾌적하고 커피 맛이 좋은 카페가 있다. 여기엔 키오스크가 없다. 나는 자리를 잡고 앉아 사이렌 오더로 주문하지만 직접 주문해도 된다. 카페의 새로운 행사 이벤트가 있을 때 복잡한 사용법을 물어보면 직원들은 항상 웃는 표정으로 서두르지 않고 알려준다. 이러니 매일 참새 방앗간처럼 방문하지 않을 수 없다.

타인의 온기와 부드러움을 만날 때 사람은 비로소 진정한 인간이 된다. 다정하고 호의적인 마음은 말보다는 고요한 행동에서 느낀다. 초등학교 때 책받침을 주워준 친구, 잠이 부족한 후배를 위해 말없이 챙겨준 선배, 엄마와 병원 동행을 해 준 외사촌, 연구 발표를 할 수 있도록 도와준 L 박사. 이들은 묵묵히 행동으로 진심을 전했다. 필요한 순간에 손발을 움직이며 도와주었다.

나도 누군가의 작은 천사가 되고 싶다. 내 마음에 예금된 천사들의 수백 가지 선행을 나누고 싶다. 어떤 이득도 계산하지 않고 누군가의 어려운 순간에 따뜻한 손을 내밀고 싶다. 오늘 제과점에서 신규 교육을 받는 아르바이트생을 만났다. 그녀는 고객에게 세심한 친절을 베풀고 있었다. 나는 주문한 커피를 받으며 "알바 첫날인가 봐요. 앞으로도 잘하실 거예요."라고 말했다. 그녀는 함박웃음으로 답했다.

삶이 말이 되는 질문
Q 말 없는 친절이 당신의 마음에 남은 순간은 언제인가요?

2
초점을 맞추며 세상을 바라보다

방연주

초등학교 5학년 때, 짝꿍이 빨간색 테 안경을 끼고 교실에 들어섰다. 순식간에 아이들이 몰려들었다. 그 당시 반에 안경 낀 학생은 두세 명뿐이었기에 안경을 쓴 것만으로도 특별했다. 콧등에 걸친 안경과 길게 늘어뜨린 안경 줄이 친구의 긴 머리카락과 하얀 피부를 돋보이게 했다. 수업 시간에도 내 시선은 자꾸 옆자리에 앉은 친구에게 향했다. 넉살 좋은 아이는 친구 안경을 빌려 써 보고 신기해하는 등 반 아이들의 관심은 쉽게 식지 않았다. 한 주가 지나고 또 다른 아이가 안경을 쓰고 왔다. 이번엔 검은 테. 시력 보호용 안경을 썼다는 친구의 말에 나도 안경을 갖고 싶었다. 그날부터 난 은밀한 작전에 돌입했다. 시력 보호용 안경 쓰기에 적합한 시력을 만드는 것이었다. 안방 서랍장 깊숙이 있던 아버지의 안경을 찾아내어 쓰고는 TV 앞에 바짝 앉았다. 그것만으론 부족할 것 같아 책을 펼쳐 들었다. 작아진 글자가 꿈틀거리는 것 같았다. 하얀 종이 위의 개미 행렬과 같은 글자를 뚫어져라 쳐다봤다. 속이 울렁거릴 때까지.

선명하게 보이던 칠판 글씨가 흐릿해 보이기 시작할 즈음 학교에서 신체검사를 받았다. 검사 결과에 '양안 0.9'라고 쓰여 있는 걸 보고, 마치 100점짜리 성적표를 받은 기분이 들었다. 남모를 노력의 결과에 흐뭇했다. 곧장 집으로 달려가 결과지를 엄마에게 내밀었다. 칠판 글씨가 잘 안 보여 눈을 찌푸리게 되고 머리도 아프다는 거짓말도 살짝 보태었다. 근심 어린 눈으로 바라보시는 부모님께는 죄송했지만, 마음속으로 환호하며 부모님과 함께 안경원을 찾았다. 시력 검사를 받는 내내 잘 안 보이는 것을 과장해 일부러 목소리를 적게 내었다. 교정 렌즈를 끼고 왔다 갔다 하며 테스트하는 동안에도 살짝 어지러웠으나 꿈에 그리던 안경을 갖게 된다는 생각에 참았다. 집으로 돌아가는 길 내내 거리의 진열장에 비친 낯선 내 모습을 쳐다보느라 꽃게처럼 옆으로 걸었다. 친구들의 반응을 상상하는 것만으로도 구름 위를 걷는 것 같았다. 다음 날 일찌감치 등교해 교실 안으로 들어서는 친구들의 관심을 받으며 안경 줄을 한 번씩 만져보는 나만의 세리머니로 자축했다.

열두 살의 나에게 안경이란 세상을 보는 필수품이 아니라 세상이 나를 특별하게 봐주길 바랐던 사치품이었다. 남들에게 없는 안경과 안경 줄을 소유한 거울 속 나를 보며 마냥 행복했다. 그야말로 근시안적 사고였다. 일주일 정도 행복했을까? 체육 시간에 날아오는 공에 위협을 느끼고, 겨울엔 김 서림 때문에 불편했다. 과시용으로 잠시 써 보고 싶었던 계획과 달리 시력은 빠르게 나빠져 어느덧 안경 없이는 거울 속 내 모습조차 볼 수 없었다. 잠시 소유하고 싶었던 액세서리에 불과했던 안경은 그렇게 내 삶의 필수품이 되었다.

고3 여름, 신체검사를 앞두고 다시 안경으로 인해 고민이 깊어졌다. 국군간호사관학교에 지원한 나는 선발 기준에는 무난히 통과하는 시력이었지만 불안했다. 안경을 벗었다. 이전과는 정반대로 한 달쯤 안경을 벗고 흐릿한 세상에 적응하는 혹독한 훈련을 선택했다. 초점을 맞추기 위해 눈살을 찌푸리는 습관이 생기지 않도록 안경을 책상 서랍 깊숙이 넣어 두었다. 낮아진 시력과 난시로 인해 그야말로 보이는 게 없었다. 칠판 글씨는 전혀 보이지 않았기에 짝의 도움을 받아 필기했고, 집에 가는 버스 번호를 몰라봐서 놓치기도 했다. 기본 검사로 그치지 않고 혹시 추가 정밀검사를 받게 되는 상황에 대비해 시력표도 외웠다. 신체검사 당일 떨리는 마음으로 시력표의 숫자와 기호를 읽어 내려갔다. 이번에는 큰 목소리로. 바라는 바는 달랐지만, 원하는 것을 얻고자 하는 간절한 마음만은 초등학생 때와 다르지 않았다. 당시는 여생도를 선발하는 유일한 사관학교여서 꼭 선발되고 싶었다. 시력 검사를 무사히 통과하고 안경은 다시 나의 귓바퀴와 콧등에 안착했다. 그 이후로 30년 동안, 안경은 내 신체의 일부가 되었고 세상을 바라보기 위해서는 떼려야 뗄 수 없는 것이 되었다.

그런데 올해 들어서는 안경을 벗는 일이 잦아졌다. 극도로 피곤이 몰려오더니 두통까지 생겼다. 집중할 수 없어 결국 안경원을 찾았다. 예상했던 대로 노안이었다. 노안이란 나이 들면서 수정체의 탄력성이 저하되어 나타나는 자연스러운 현상이다. 근시가 있는 사람들은 노안이 생기면 일시적으로 안경을 벗기도 한다. 통상 각막이나 수정체 굴절이상으로 먼 곳, 가까운 곳 모두 선명하게 보이지 않는 난시가 있는 나는 노안으로 인해 근거리 시력이 더 불편해진 것이다. 안경사는 꼼꼼하게 시력 측정을 마치고 생활 습관과 업무 패턴까지 파악한 후 다초점 렌즈를 권했다. 습관을 제대로 파악해야 가장 편안한 렌즈를 맞출 수 있다며 사물의 위치에 따라 변하는 눈동자의 위치를 여러 번 반복 확인했다. 세상을 제대로 보기 위해선 단순히 렌즈를 바꾸는 걸 넘어, 보는 습관을 바꾸는 태도 변화가 필요했다. 둘 중의 하나를 택하는 게 아니라 원거리와 근거리 모두 선명하게 보려면 눈도 뇌도 새로운 방법을 익혀야 했다. 어렵지 않다는 격려와 함께 몇 번 연습하니 금세 익숙해졌다. 근거리를 볼 때 안경 벗는 것이 싫어 원거리의 시력을 포기하고 흐릿하게 보았던 세상이 비 온 뒤 하늘처럼 맑아졌다.

일주일 뒤 안경이 완성되었다는 연락을 받고 찾으러 가는 발걸음이 한결 가벼웠다. 노화로 인해 잘 보이지 않는다는 서글픔과 위축되었던 마음이 걷혔다. 조금만 노력하면 더 잘 볼 수 있다는 생각에 자신감이 생겼다. 안경사는 새로운 방법을 다시 한번 가르쳐 주고 점검했다. 다초점 렌즈에 잘 적응하기 위해서는 평소 바라보는 습관과 각도 점검이 중요하다. 습관을 잘 파악하고 사물의 위치에 따라 각도 조절하는 연습을 제대로 하면 보다 선명하게 볼 수 있다. 아무리 비싸고 좋은 렌즈를 꼈다 하더라도 예전의 방식을 고집하면 선명하게 볼 수 없다. 어릴 때는 친구들의 관심을 끌기 위해서였다면, 지금은 세상을 제대로 보기 위해 안경을 쓴다. 내가 바라봐야 할 사람과 상황, 그리고 내 삶의 목표를 무엇보다 더 선명하게 보고 싶다. 나만의 프레임을 통해 세상을 보는 습관과 각도를 살피며 마음의 눈도 다초점 렌즈로 바꿔 본다. 있는 그대로 타인을 이해하려면 깊이 있고 섬세한 시선으로 바라봐야 한다. 처음에 익숙하지 않아 안경을 벗고 싶어도 참아 내며 적응해야 빨리 익숙해진다. 마음의 눈으로 세상을 바라보는 것도 마찬가지로 익숙해질 때까지 계속 연습할 것이다. 가까이 있는 소중한 사람의 표정도 잘 읽고, 멀리서 내 도움이 필요해 몸짓하는 이들 또한 놓치지 않기 위해서.

바라보는 선생님. '분당소망책N꿈' 교사인 나의 꿈 이름이다. 매주 토요일 초등학생들과 책을 펼치며 꿈을 찾는다. 다초점 렌즈 덕분에 책도, 아이들도 흔들림 없이 잘 볼 수 있게 되었다. 꿈 이름처럼 살아가고자 매일매일 세상을 바르게 보는 태도를 훈련한다. 그 시선으로 오늘을, 아이들을, 나 자신을 바라본다.

먼 곳을 볼 때는 고개를 똑바로 들고 자신감 있게 바라보라.
가까이 있는 것을 볼 때는 시선을 낮추고 겸손하게 주목하라.

뛰어난 적응력 때문일까? 눈썰미 뛰어난 몇몇을 빼고는 나의 변화를 알아차리지 못했다. 열흘이 지나서야 아들이 나에게 물었다.
"엄마, 안경 바꿨어?"
"응, 다초점 렌즈로 바꿨지."
내 목소리에서 자신감이 묻어난다.

삶이 말이 되는 질문
Q 당신은 지금 무엇을, 어떤 태도로 바라보고 있나요?

3
답은 나에게 있다

송주영

"영이는 성격이 꼭 남자 같아. 남자로 태어났어야 할 팔자인데."

어렸을 때부터 할머니께서 자주 하시던 말씀이다. 그 말을 들을 때면 사뭇 기분이 좋았다. 가족의 기대에 잘 부응하고 있다는 칭찬 같았다. 둘째는 꼭 아들이길 바랐던 집안 어른들의 아쉬움을 씩씩한 행동으로 보답하고픈 마음이었을까. 어머니가 들려주시던 탄생 일화도 한몫했다.

"너를 가졌을 때 엄마는 왠지 딸일 거란 확신이 들었거든. 그런데 이번에도 딸인 것 같다고 하면 다들 지우라고 할까 봐서 아무에게도 말하지 않았어."

그렇게 열 달을 마음 졸이다 크리스마스에 병원을 찾았는데 휴일이라 문을 닫았더랬다. 결국 다음날 다시 가서 나를 낳았다고 한다. 아버지는 딸이라는 소식을 듣고 곧장 술을 드시러 가셨고 밤늦게 병원을 찾아 어머니 앞에서 엉엉 우셨다고 한다. 고생했다는 말 한마디 듣지 못한 것이 서운할 법도 한데 어머니가 내게 전하고 싶은 것은 그저 아이를 끝까지 지켜 냈다는 뿌듯함이 전부인 듯했다. 어린 나에겐 전혀 와닿지 않는 감정이었다. 딸인 것이 들통날지도 모른다는 두려움과 크리스마스에 추위를 뚫고 병원에 찾아갔음에도 출산하지 못한 아쉬움, 아들을 품에 안지 못해 슬퍼하는 남편에 대한 측은함. 이 어색한 감정의 조합이 바로 내 인생을 여는 첫 이야기라니. 크리스마스라는 단어만 빼면 너무나 잔혹한 동화였다. 동화 속 주인공들은 어떠한 시련이 와도 끝까지 버티고 싸워 마침내 해피 엔딩을 이루어 낸다. 내가 시련을 극복하는 방법은 자신을 모나고 뾰족하게 만드는 거였다. 붉게 돋은 가시로 존재감을 드러내고자 했다. 고모와 삼촌은 나를 '심통쟁이'라고 불렀다. '건드리기만 해 봐.' 싸움꾼처럼 소매를 걷어붙이고 씩씩대며 다녔다. 얌전하고 순종적인 언니는 질투의 대상이었고 남동생이 태어나면서부터는 동생이 표적이 되었다. 혼도 많이 났다. 가슴 속에는 가족을 향한 미움과 원망이 가득했다. 못난이 그 자체였다.

하지만 학교에서는 달랐다. 집에서와는 다르게 조금만 노력하면 칭찬 받을 기회가 많았다. 화를 내지 않고도 관심 받을 수 있었다. 쾌활한 성격에 공부도 잘하는 편이었고 친구도 많았다. 친구들과 삼삼오오 손잡고 복도를 거닐 때면 행복감에 가슴 속이 간질간질했다. 중학교 내내 연극부 활동을 하며 배우를 꿈꾸기도 했다. 사랑이 가득한 척 주변 사람들을 챙기고 나쁜 일에도 털털한 척 대수롭지 않게 여기는 내 모습이 연극 속 주인공처럼 멋있었다. 집에서는 천덕꾸러기일지라도 밖에서는 성실한 모범생. 학교는 완벽한 연극 무대였다. 하지만 사관학교에 입학하면서 조금씩 문제가 생기기 시작했다. 가면을 쓰고 무대에 오르는 시간이 너무 길어진 탓이다. 집과 학교의 경계가 없어지고 오로지 학교에서만 생활하다 보니 숨겨왔던 미움과 원망의 가시가 가슴 밖으로 하나둘 튀어나오기 시작했다. 모난 모습을 들키지 않기 위해 가면을 쓰는 대신 몸을 움츠려야 했다. '튀지 않아야 해.' 가시가 보이지 않게 두 팔로 무릎을 끌어안고 낮게, 더욱 낮게 숙였다. 선배들에게 괜한 지적을 받지 않으려고 피해 다녔다. 고개는 점점 아래를 향했다. 어디로 가는지도 모른 채 동기들 틈에 숨어 그들의 발자국을 따랐다. 하지만 계속 그렇게 살 수 없다는 걸 알고 있었다. '도대체 어디서부터 잘못된 걸까. 어떤 것이 진짜 내 모습일까. 어머니는 왜 나에게 그런 말을 했을까. 애초에 태어나지 않았으면 될 일이었을까. 나는 이제 어떻게 해야 하나.' 삶의 의미와 존재 이유. 사춘기 열병으로 끝났어야 할 고민은 서른이 가까워질 때까지 계속되었다. 가면을 내려놓은 뒤부터 나는 조금도 자라지 못한 사춘기 아이 그대로였다. 답을 찾아야 했다.

상담사와의 첫 대면에서부터 내 모든 이야기를 쏟아 놓기는 쉽지 않았다. 검사지의 5개 문항 중 하나를 고를 때도 갈팡질팡했다. 어느 것이 진짜 내 모습인지를 모르니 나조차 자신을 설명하는 것이 힘들었다. 그저 괴로웠던 어린 시절을 회상했다. 상담사는 부모를 이해하려고 애쓰지 말라 조언했다. 자식은 부모가 자라온 환경을 경험하지 못했기에 그들을 완전히 이해하기 어렵지만 반대로 부모는 자식을 키우며 직접 보고 경험했기에 자식을 온전히 이해할 수 있다고 했다. 마치 어머니에게 해답이 있다는 말처럼 들렸다. 어머니 앞에서 과거의 일을 책처럼 펼쳐 보이며 추궁한 적이 있다. 하지만 어머니에게 그런 일은 까마득한 과거일 뿐이다. 당장 올가을에는 김장을 몇 포기 해서 자식들에게 나눠줄지가 더욱 중요한 문제다. 자식에게 짐이 되지 않겠다 큰소리치며 악착같이 출근하는 어머니의 발걸음은 단단하다. 갑옷을 입은 듯 몸에 힘을 주고 걷는 어머니의 뒷모습에서 상처받고 싶지 않은 한 소녀가 보인다. 그 여린 소녀를 붙잡고 다그쳐 봤자 달라질 건 없다. 모두가 슬퍼질 뿐이다. 그렇다면 그 답은 어디에 있을까. 고개를 떨구고 한숨을 쉬었다. 책상 위에 깔린 투명한 유리에 희미하게 내 모습이 비쳤다.

내 안에 돋은 가시를 누구도 대신 **빼줄 수 없다는 걸 깨달았을 때**, 이미 그 가시는 조금씩 사라져 가고 있었다. 답은 나에게 있었다.

내 마음을 살피는 것은 뒷전, 다른 사람을 탓하고 미워했다. 날 웃게 하는 방법을 찾기보다 날 울게 하는 것에 얽매였다. 내가 무엇을 좋아하는지, 어떤 것에 행복을 느끼는지 고민하지 않았다. 어두운 동굴 속으로 파고 들어가는 데에 시간을 허비했다. 언제까지 상처받은 아이로 남을 수는 없다. 동굴에서 빠져나올 방법을 찾아야 한다. 오직 나만이 할 수 있다. 내 안을 살피기 시작하자 비로소 주변 사람의 마음도 읽히기 시작했다. 첫딸은 살림 밑천이라던 옛말에 갇혀 고군분투하던 언니와 시기심 가득한 누나 등쌀에 이리 치이고 저리 치이던 남동생. 그리고 부모님.

'영아, 엄마도 어려서 잘 몰랐다. 자식을 키우는 것이 그렇게 힘든 것인지. 서른도 안 된 나이에 자식 셋을 품어 키우기가 쉽지 않더라. 아빠는 일하느라 바쁘지. 엄마는 너희들 먹이고 입히고 공부시키는 것만 잘하면 되는 거로 생각했다. 어떤 말이 자식에게 상처가 되고 눈물이 되는지 고민할 시간이 부족했다. 모든 육아의 책임을 홀로 진 채 혹시나 너희들이 잘못된 길로 빠질까 봐, 가정교육 잘못 받은 애들이라 손가락질 당할까 봐 노심초사했다. 그래서 엄하게 키웠고 그게 정답인 줄 알았다. 엄마도 온전한 사랑을 받아 보지 못했기에 주는 방법을 몰랐어. 우리 딸이 이렇게 힘든 것도 모르고 상처를 주어 미안하다. 어린 너희들에게 사랑을 더 표현하고 많이 안아줄 걸 이제야 후회한다. 따뜻하지 못하고 다정하지 못했던 엄마를 용서해다오. 그리고 너를 가졌을 때 아들이 아니어도 괜찮았단다. 그저 널 끝까지 지켜 낸 게 얼마나 잘한 일인지 인정받고 싶었다. 너무나 소중한 우리 딸 영아, 엄마의 딸로 태어나 줘서 고맙다. 사랑한다.'

어머니를 온전히 이해할 순 없다. 하지만 어머니의 김장 김치와 출근길 발걸음이 다른 방식의 포옹이자 사랑인 것은 분명하다. 그 마음을 활자로 바꾸어 내게 전했다. 완벽한 치유의 편지다. 글씨가 보이게 바깥으로 접어 넣고서 언제든 슬쩍 꺼내 어린 시절의 나를 위로할 수 있다. 과거의 자신을 당당히 마주하고 보살피는 방법이다. 몸이 한결 가벼워졌다. 주변 사람들의 마음을 살필 여유도 생긴 듯했다. 모나고 가시 돋은 모습도 '나'이고 털털하고 사랑 가득한 모습도 '나'이다. 그 틈을 좁혀 나가며 어떠한 시련도 끝까지 버티고 싸우는 주인공. 오늘도 그 주인공은 자신만의 방법으로 해피 엔딩을 향해 나아가고 있다. 소중한 사람들과 함께.

삶이 말이 되는 질문

Q 기쁨과 슬픔 사이에 숨은 내 마음을 들여다본 적이 있나요?

4
아이를 보고, 나를 본다

심화정

　첫째가 태어나고 아기 울음소리가 귀에 닿는 순간 내가 '보는 세계'가 완전히 달라졌다. 그날 이후 나를 바라보는 시선도 조금씩 변해갔다.
　아이들이 태어나기 전 나는 10년 넘게 다른 사람들의 삶을 돌보며 살았다. 간호사로서 아픈 이들을 간호했고 그들의 건강을 지키기 위해 애썼다. 응급처치 교육으로 수많은 사람을 만났고, 내가 속한 기관의 목표와 환자의 안녕을 위해 쉼 없이 달렸다. 그 과정에서 나의 피로와 감정은 뒷전이었다. 아이들이 내 삶에 들어오고 나서야 비로소 나 자신을 보기 시작했다.

　아이와 마주한 순간마다 나를 이해하지 않고는 아이를 이해할 수 없다는 걸 깨달았다. 아이와 함께한 시간은 나를 다시 바라보게 했다. 처음은 서툴렀다. 3kg 남짓한 아기의 기저귀를 갈고 엉덩이를 씻길 때면 혹시 떨어뜨리진 않을까 노심초사했다. 아이가 울 때는 배가 고픈 건지,

졸린 건지 이유를 알 수가 없어 답답했다. 깊은 밤 아기를 재우고 나면 '내가 잘하고 있는 걸까?' 하는 생각에 잠 못 이루는 날도 있었다. 아이는 잘 먹고, 잘 자는 것만으로도 기특했고, 무탈하게 자라 주는 것에 그저 감사했다. 누군가 '내가 태어나 가장 잘한 일은 아이들을 낳은 일'이라고 말했을 때, 그 말에 공감하는 날이 올 줄은 몰랐다. 잠든 아기의 쌔근쌔근 숨소리를 듣다 보면 가슴 깊은 곳이 간질거렸다. 내 손의 절반도 채 되지 않는 조그마한 발바닥을 쓰다듬다 보면 설명하기 어려운 감정이 차올라 눈시울이 붉어지곤 했다. 아이를 들여다보는 동안 내 안의 여린 부분이 투명하게 드러났다. 아이를 돌보며 내가 어디에서 흔들리고, 무엇에 위로받는지 서서히 알아 갔다.

"띠리릭."

그 시기 나는 하루 종일 남편이 현관문을 여는 소리를 기다리던 때였다. 아기는 밤낮으로 울었고 수면 교육은 시도조차 하지 못했다. 나는 온종일 아기를 안고 있었고 품에 안은 채 소파에 앉아서 졸기도 했다. 서서 빵으로 끼니를 때우다 부스러기가 아기 머리 위로 떨어지는 건 흔히 있는 일이었다. 시간이 지나 아기가 밤낮을 구분하기 시작했고 밤잠도 조금씩 길어졌다. 육아의 어려움은 서서히 줄었지만 설명하기 힘든 답답함과 두근거림은 오히려 깊어졌다. 원인은 산후 갑상선염이었다. 갑상선기능항진증 병력이 있었던 나는 정기검진에서 그 사실을 알게 되었다. 몸이 힘든 이유를 알아도 이유 없이 눈물이 나거나 남편에게 짜증을 내는 내 모습은 낯설었다. 그러던 어느 날, 울고 있는 나를 본 남편이 조심스레 말했다. "혹시 약을 한번 먹어 보는 게 어때?" 남편의 조언에 따라 약을 먹자 며칠 지나지 않아 그동안의 증상들이 거짓말처럼 사라졌다. 흐린 날씨가 걷히듯 마음이 환해졌다. 그제야 아이를 키우느라 나 자신을 전혀 돌보지 않고 있었다는 걸 알았다.

  둘째가 태어난 뒤에는 나를 돌보는 일이 얼마나 중요한지 더 분명히 깨달았다. 첫째 때는 '내 손으로 직접 키우고 싶다.'라는 생각에 주변의 도움을 쉽게 받지 못했다. 하지만 스무 달 터울의 두 아이를 혼자 돌보는 일은 버거웠다. 첫아이를 키우며 배운 건 명확했다. 엄마의 안위가 곧 아이의 안정이었다. 그래서 둘째를 키울 때는 주변의 도움을 적극적으로 구했다. 첫째가 어린이집을 간 낮에는 둘째와 시간을 보내고, 오후에는 둘째를 베이비시터에게 맡기고 첫째와 단둘이 시간을 보냈다. 짧은 시간이었지만 아이들은 각자 엄마와 온전히 시간을 보내며 만족했고 나는 아이 둘을 동시에 돌봐야 하는 부담에서 벗어날 수 있었다.

  아이들이 자라고 어린이집에 다니기 시작하자 몸은 한결 가벼워졌지만, 마음은 더 무거워져 갔다. 육아는 내 마음의 깊은 곳을 자주 건드렸다.

  우지끈. 장난감으로 발 디딜 틈 없는 거실을 오가다 레고를 밟았다. 발바닥이 뚫린 듯 아팠다. "엄마가 장난감 치우라고 했지!" 다섯 살밖에

되지 않은 아이에게 화를 냈다. 방바닥에 레고와 온갖 장난감이 널브러져 있는 상황을 더는 참지 못했다. 그러다 문득 생각했다. '아이들은 원래 어지럽히며 노는데, 왜 나는 이걸 받아들이지 못할까?' 육아 서적을 읽으며 과거를 회상하다가 어린 시절의 기억이 떠올랐다. 아버지는 정리정돈에 엄격했고, 장난감이나 물건이 흩어져 있으면 혼을 내곤 했다. 아마 그때 억눌린 '어지르고 싶은 마음'이 아직 내 안에 남아 있는지도 모른다. 결국 아이의 행동이 문제가 아니었다. 해결되지 않은 내면의 어린 내가 반응하고 있었다. 나의 괴로움이 내면의 문제임을 모르면 아이에게 '너 때문에'라는 상처를 줄 수 있다. 아이와의 관계뿐 아니라, 모든 관계의 출발점은 결국 자기 이해였다.

내 마음의 소리에 귀 기울이던 어느 날, 한 인터넷 글귀가 마음을 울렸다. 여든의 어머니가 기적처럼 서른여덟 살로 돌아가 단 하루를 다시 살아 보는 이야기였다. 성인이 된 자식들이 모두 어린 시절 모습으로 돌아가 있었고 아이들은 "엄마, 안아줘!" 하며 달려들었다. 미처 소중함을 알지 못했던 시절을 다시 살게 되면서, 어머니는 그 하루가 끝나지 않기를 간절히 바랐을 것이다. 글을 읽는 짧은 시간 동안 눈시울이 뜨거워졌다.

아이들이 하루에도 수십 번 "엄마!"를 외친다. 지금 이 소란스러운 풍경이 언젠가 그리워질 것임을 안다. 하루 종일 이어지는 아이들의 질문에 건성으로 대답할 때도 있지만, 다시 마음을 다잡아 힘을 내본다. "엄마 봐봐." 얼마 전부터 조금씩 말하기 시작한 둘째는 자기가 하는 행동을 항상 봐주길 바란다. 나는 스쳐 지나갈 수도 있는 순간들을 눈과 마음에 담으려 애쓴다. 그리고 정성껏 반응한다. "그게 무슨 춤이야? 나비랑 정말 똑같네!" 아이가 내 반응에 흡족한 듯 웃는다.

온종일 아이들과 뒤엉켜 놀다가 아이들이 잠든 깊은 밤이면 비로소 자유가 찾아온다. 그러나 방을 쉽게 떠나지 못한다. 아기 로션 냄새가 가득한 방에서 아이들의 얼굴을 한참 들여다본다. 숨결을 따라 오르내리는 작은 가슴, 손바닥에 닿는 부드러운 발, 이불 속에 스며든 온기. 천사 같은 아이들의 모습을 보고 있으면 하루의 피로가 눈 녹듯 사라진다. 핸드폰 사진첩을 열어 오늘 하루를 되짚는다. 남편과 나란히 누워 아이들의 사진을 함께 보며 웃는다. 아빠를 쏙 빼닮은 아이들의 얼굴을 확대해 보며 얼마 없는 내 지분을 찾기도 한다. 때로는 더 어린 시절의 사진을 넘기며 조용히 추억 속을 거닌다.

한 조사에서 아이들에게 물었다. "부모님에게 바라는 게 뭐야?" 부모들은 '더 많이 놀아 줬으면 좋겠다.'라는 대답을 예상했지만, 아이들의 대답은 달랐다.

"우리 엄마, 아빠가 행복한 얼굴로 웃으면서 살았으면 좋겠어요."

아이들이 '보는' 나는 어떤 모습일까? 나는 아이들에게 어떤 삶을 보여 주고 있을까? 아이들을 바라보며 나 자신을 조금씩 이해해 간다. 아이들에게 좋은 음식을 먹이고 좋은 환경을 주려 고군분투하던 초보 엄마의 마음은 이제 조금 내려놓는다. 무언가를 해 주려 애쓸 때보다, 함께 웃을 때 아이들은 더 크게 웃는다. 아이들과 더 많이 웃기 위해 내 마음의 소리에 귀 기울이며 그 소리를 외면하지 않으려 한다.

아이를 키우며 배운 가장 큰 깨달음은 아이를 돌보는 일이 곧 나를 돌보는 일이라는 것이다. 부드러운 손길 하나, 작은 웃음, 잠든 얼굴을 바라보는 그 순간마다 마음은 따뜻해지고 그 온기 속에서 조금씩 배워 간다. 노래에 맞춰 엉덩이를 흔들고, 맛있는 음식을 먹으며 어깨춤을 둥실 추는 아이들의 모습은 나를 지금에 살게 한다. 짧은 순간마다 느끼는 사랑과 나에 대한 성찰이 삶의 의미가 되고 관계의 뿌리가 된다. 지금 이 순간을 깊이 바라보며 살아가는 일, 그 자체가 아이에게도 나에게도 가장 큰 선물임을 나는 안다.

삶이 말이 되는 질문
Q 당신은 오늘, 당신 자신을 얼마나 따뜻하게 돌보고 있나요?

5
데이터로 세상을 보다

이 다 인

전화가 울린다. 발신자 표시에 적힌 '사랑하는 아부지'. 일을 멈추고 수화기를 든다. 연속 혈당 측정기를 사 달라는 전화다. 아버지는 1년 전 당뇨 진단을 받고 약을 드시기 시작했다. 최근 드신 음식과 식후 2시간 혈당을 꼼꼼히 기록하다 흥미로운 패턴을 발견했다며 자랑으로 통화를 시작한다. 짜장면과 냉면은 혈당 스파이크가 심하지만, 육회 비빔밥은 상대적으로 덜하다는 것이다. 아버지는 연속 혈당 측정기로 30일간 철저히 기록해 보고 싶다 하시며, "나도 이제 너처럼 데이터 분석을 한다."며 껄껄 웃으신다.

그렇다. 나는 아빠를 닮았나 보다. 간호학을 전공하고 간호장교로 군 생활을 마쳤지만, 간호 행위 자체보다는 사람의 행동과 그 속에 담긴 의도, 그것을 읽어 내는 데이터에 더 관심이 있었다. 지금은 인사 조직 (HR) 데이터를 분석하는 박사 과정을 밟고 있다. '성과가 높은 사람들의 공통점'이나 '이직률이 낮은 조직이 다른 점', '한 부서에 슈퍼스타는 몇 명이 적당할까?' 같은 논문을 읽으며 궁금증을 풀고 있다. 인사 조직 실무자에게 도움이 되는 데이터 분석 방법론을 정리한 책을 집필하기도 했다. 데이터 분석을 전공한다고 하면 특별해 보이지만 전공이 무엇이든 일터가 어디든 데이터는 우리의 일상과 경험 속 어디서든 존재한다. 세상에는 분석할 수 있는 데이터가 넘쳐나기 때문에 **중요한 것은 데이터를 통해 세상을 보려는 눈이다.**

쉬운 사례가 있다. 여행을 갈 때 짝수로 가야 한다는 말. 홀수가 되면 누군가 소외되기 쉽다는 경험, 토의나 발표 준비를 할 때 세 명이면 집중이 잘 되지만 네 명 이상이면 대화가 갈라지는 경험을 생각해 보자. 이런 것들은 대부분 경험에 근거한다. 우리는 '옛날에 그랬으니까, 지금도 그럴 것이다.'라며 현재를 설명하고 미래를 예측한다. 여기서 중요한 것은 경험에만 머물지 않고, 그것이 사실인지 아닌지를 가려내려는 의지이다. 데이터를 보는 눈을 가질 때, 근거 있는 이야기를 할 수 있다.

군 생활에서도 비슷한 경험이 있었다. 출산 휴가를 가는 일이 마치 큰 폐를 끼치는 것처럼 여겨져 눈치를 많이 봤다. 내 권리를 행하면서도 그때의 나는 두려움과 죄책감 사이에 서 있었다. 실제 내가 만나온 여성들은 출산 휴가 이후 성과가 떨어지지는 않을까? 승진에서 불이익을 받지 않을까? 불안을 표현했다. 나는 늘 궁금했다. 불안은 어디부터가 체감이고 어디까지가 현실일까? 사실 데이터만 있다면, 지금 느끼는 불안이 사실에 근거한 것인지, 아니면 편견 때문인지를 가려낼 수 있다. 성과 평가 기록, 승진 이력, 휴직과 근속 연수 같은 인사 데이터는 이 질문에 답을 줄 수 있는 근거다. 나는 데이터 분석을 배우고 난 뒤, 세상을 보는 시각이 달라졌다. 데이터는 단순해 보이면서도 그 힘은 강력하다. 어제의 '느낌'을 오늘의 '사실'로 바꿔 버린다. 이보다 짜릿한 일이 있을까? 수많은 데이터로 가득 차 있는 세상을 살며 중요한 것은 그것을 보려는 의지이자, 질문을 던지는 태도다. 내가 데이터 분석을 배우며 가장 만족스러웠던 점은 결국 모든 일에는 근거가 있고 그 근거를 기반으로 세상을 설명할 수 있다는 사실이었다.

국내 한 은행의 면접관으로 참여했을 때 일이다. 한 임원이 명문대 출신은 일을 정말 잘할 거라며, 면접을 보지도 않은 지원자를 칭찬했다. 순간 면접장은 잠시 정적에 싸였다. 바로 옆에 있던 직원이 정적을 깼다.

"그럼요, 지점장님! 명문대 출신이라니 아주 유능할 겁니다."

라며 맞장구를 쳤다. 나는 그동안 국내 기업의 외부 전문 면접관으로 위촉되어 인재 선발에 참여해 왔다. 면접에서 이런 말을 꺼내는 면접관을 자주 만난다. 특정 학벌, 종교, 출신지에 대한 확신이 강하고, 특히 임원급일수록 그 확신은 더 단단하다. 그런 확신에 찬 언어를 들을 때면 학벌이 성과를 보장하지 않는다는 말이 목구멍까지 올라온다. 맞장구를 쳤던 직원처럼 조직 안에서는 윗사람의 말에 굳이 맞서지 않고 무난히 넘어가야 현명해 보일 때가 많다. 하지만 문제는 그 순간부터 시작된다. 이런 판단이 누적되면 조직은 금세 '스펙 중심 인사'라는 함정에 빠진다. 진짜 뛰어난 인재는 덜 유명한 학교 출신이라는 이유만으로 혹은 경력에 쉼표가 있다는 이유만으로 기회조차 얻지 못한다. 명문대에 들어간 것도, 그 사람이 유능한 것도 사실이다. 그러나 그 두 가지 사이에 인과관계가 '반드시' 있는 건 아니다. 우리는 '그럴 것 같다.'라는 느낌에 너무 쉽게 기대고, 익숙한 판단 방식에 안주하려 한다. 그것이 직관의 함정이다. 나는 그 순간 이렇게 말했다.

"지점장님, 그런 경우도 있지만 어쩌면 우연일지도 모릅니다. 학벌이 항상 성과를 보장하지는 않는다는 연구들도 많습니다. 오늘 면접에서 직접 확인해 보시면 더 확실해지지 않을까요?"

혹시 이 이야기만으로 데이터 분석이 먼 세상 이야기처럼 느껴지지 않을까 걱정이 된다. 하지만 잘 생각해 보자. 일흔이 넘은 아버지가 혈당 측정기를 통해 음식의 종류에 따라 다른 혈당을 기록하고 그 속에서 패턴을 발견했던 것도 엄연한 데이터 분석이다. 아버지는 연속 혈당 측정기를 붙이고 작은 실험을 시작했다. 거창한 연구가 아니라, 일상의 A/B 테스트였다. A/B 테스트란 두 가지 선택지를 비교해 어느 쪽이 더 효과적인지 알아보는 가장 단순한 실험 방법이다. 마케팅 회사에서 광고 문구를 두 가지 버전으로 나눠 홍보하고 어느 쪽 클릭이 더 많은지 보는 것도 A/B 테스트의 일종이다. 아버지는 점심시간에 냉면을 먹은 날(A)과 육회 비빔밥(B)을 먹은 날을 반복적으로 비교했다. 그 결과 냉면은 혈당이 급격히 치솟았고, 육회 비빔밥은 상대적으로 얌전했다는 걸 알게 되었다. 단순한 느낌이 아니라, 반복된 기록에서 확인된 차이였다. 또 다른 패턴도 있었다. 음식을 먹고 바로 눕는 날(A)은 혈당이 빠르게 올랐지만, 식후 15분만 걸어도(B) 상승 폭이 현저히 낮았다. 아버지는 그 데이터를 근거로 '밥 먹고는 무조건 움직여야지.'라는 생활 원칙을 세웠다. 나는 그 장면이 무척 인상 깊었다. 흔히 운동이 건강에 좋다거나, 밥 먹고 눕지 말자는 말들은 책이나 전문가의 조언으로 들을 때나, 특히나 엄마의 잔소리로 들을 때는 다 안다며 흘려듣던 것들이다. 하지만 아버지는 직접 데이터를 통해 확인했고, 그 순간 생활 습관은 타인의 단순한 당부에서 스스로 납득한 선택으로 바뀌었다. 데이터를 통해 70대 아버지의 평범한 생활이 과학이 되었다.

데이터를 활용하면 우리는 단순한 추측 대신 근거를 갖게 된다. '출산 휴가를 다녀오면 승진이 늦어질까?'라는 불안, '명문대를 나와야 일을 잘할 거야.'라는 편견, '밥 먹고 누워도 괜찮겠지.'라는 습관 같은 것들 말이다. 데이터를 보면 그중 어떤 게 사실이고, 어떤 게 착각인지 드러난다. 그래서 데이터는 우리를 덜 불안하게 하고, 더 자유롭게 한다. 나는 오늘도 세상을 숫자처럼 듣고, 숫자 속에서 세상을 본다. 그것은 특별한 사람에게만 가능한 일은 아니다. 지금 이 순간 '보는 법'을 바꿔 보기로 마음먹는 것에서 시작된다. **경험은 나침반 같지만, 데이터는 지도다. 나침반으로는 방향을 잡을 수 있지만, 지도가 있어야 길을 잃지 않는다.**

오늘 하루를 돌아보자. 점심을 건너뛰었는지, 회의가 몇 분 만에 끝났는지, 어떤 순간에 가장 많이 웃었는지. 작은 메모 하나가 내일의 선택을 바꾸고, 반복된 기록은 새로운 통찰을 만든다. 거창한 분석 도구가 없어도 괜찮다. 일상의 데이터를 읽는 눈을 갖는 순간, 우리는 이미 더 현명한 선택을 할 준비가 된 것이다.

> 삶이 말이 되는 질문
> **Q** 오늘 하루를 숫자로 기록한다면, 어떤 순간부터 시작하시겠어요?

6
이제야 나의 세상을 펼쳐 보다

이 순 영

사람들은 인생을 종종 연극에 비유한다. 나는 그 비유가 다소 진부하게 느껴졌다. 그럼에도 새로운 시작을 생각할 때면 어김없이 무대 조명이 켜지고 막이 일제히 오르는 장면이 떠오른다. 34년 동안 젊음과 열정, 도전과 성장, 집념과 책임으로 가득했던 군 생활의 막이 내렸다. 그 시간은 영원할 것만 같았고, 나는 그 끝을 그리지 못했다. 퇴직 후의 삶은 동화 속 "They lived happily ever after."(그들은 행복하게 살았답니다.)처럼 막연한 기대만 있을 뿐 뚜렷한 계획이 없었다. 새로운 막이 올랐지만, 화려한 무대도, 빛나는 조명도, 주목받는 주역도 기다리고 있지 않았다. 그저 열린 시간과 빈 공간만 남아 있을 뿐.

퇴직 첫날, 알람도 없이 이른 새벽에 눈을 떴다. 문득 출근할 필요가 없다는 사실에 안도하며 더 누워 있을까 하다 털고 일어났다. 습관대로 휴대전화를 켜서 하루 일정을 확인했다. 매일 꽉 차 있던 캘린더가 처음으로 비어 있었다. 일정 없는 하루가 낯설고 허전했다. '이제 무얼 해야 하지?'라고 생각하다 한참을 멍하니 있었다. 머리를 흔들어 올라오는 혼란스러운 감정을 털어냈다. 그때 카카오톡 메시지 하나가 도착했다. "친구야, 출근 안 하니까 어색하고 허전하지? 당분간 적응이 안 될 거야. 오랜만에 쉬면서 가족들과 좋은 시간 보내." 사관학교 동기가 34년간 출근이 몸에 밴 친구에게 찾아올 공허함과 혼란이 걱정되어 그 이른 시각에 메시지를 보낸 것이다. 친구의 배려와 친절이 따뜻하게 다가왔다.

아침은 유난히 길었다. 베이글 반쪽을 토스터에 넣고 원두를 갈아 커피를 내렸다. 구수한 향이 퍼지자 오랜 시간 잊고 지낸 여유가 가슴에 스며든다. 잘 구워진 베이글과 풍미 가득한 커피를 아주 천천히 음미했다. 매일 전투하듯 살아온 시간에 보상이라도 하듯. 그런 여유도 잠시, 뭔가 해야 직성이 풀릴 것 같았다. 운동 겸 산책을 위해 집을 나섰다. 한 시간 넘게 걷고 돌아왔는데 아직 8시가 안 되었다. 사무실 일과가 시작되는 시간, 온갖 신경이 그곳으로 향하려 했다. 다시 머리를 흔들어 신경을 돌려세웠다. 대신 어수선한 책장으로 눈을 돌렸다. 흐트러진 책들을 정리하다가 사두고 읽지 못한 책들을 골라냈다. 당분간 그 책을 읽으며 시간을 보낼 요량이다. 역시 안 되겠다 싶어 그중 마음이 가는 책 한 권 챙겨 집을 나섰다. 가려고 했던 동네 카페는 닫혀 있었다. 걷다 보면 문을 연 카페 하나 있겠지 싶어서 무작정 더 걸었다.

그렇게 일 년 반이 지났다. 처음엔 공허함을 피해 보려고 미친 듯이 일정을 만들어 캘린더를 채웠다. 정신없이 바빠 살았다. 여전히 아침에 출근할 필요가 없고, 늦잠을 자도 큰일이 안 생긴다. 내가 먼저 연락하지 않으면 연락이 오지 않았다. 존재감을 잃어가는 것 같아 불안해하기도 했다. 그래서 일부러 모임을 만들어 일정을 잡고 끊임없이 새로운 일을 찾아 나섰다. 그러다 새로운 시도와 배움에서 즐거움을 발견했다. 요즘은 이것저것 마음 가는 대로 배우고 시도한다. 옛날 같으면 엄두도 못 낼 일을 서슴없이 시작한다. 나에겐 시간적 여유가 있고, 일단 해 보지 않고서는 알 수 없으니까.

올 초 집 정리하다 10년 전 일기장을 꺼내 들었다. 첫 페이지에 인생 버킷리스트가 반듯한 글씨로 적혀 있었다. 신기하게도 그중 절반은 이미 이루어졌다. 바로 그날 인생 3막을 위한 버킷리스트를 작성했다. 그 버킷리스트가 다시 내 삶을 채워 가고 있다.

먼저 그간 바쁘다는 이유로 자주 만나지 못했던 사관학교 동기들을 찾아다녔다. 지난해 봄, 가장 먼 뉴욕을 시작으로 전남 강진과 여수, 부산, 울산, 대구, 대전 등에 살고 있는 동기들을 만나고 돌아왔다. 4년간 생도 생활을 동고동락한 이들은 오랜만에 다시 만나도 언제나 생도 때 모습으로 마주할 수 있어 좋다. 간만에 느껴보는 따뜻한 연대감도 반가웠지만 그들이 들려준 삶의 이야기가 참 좋았다. 헤어짐의 순간마다 가슴 한가득 선물 같은 사랑의 여운을 품고 돌아왔다. 아직 찾아가지 못한 동기들이 남아 있다. 아직 풀지 않은 선물 보따리들을 숨겨둔 것처럼 언제고 다시 나설 여행이 기대된다.

단순히 사람들을 도우며 살고 싶어 시작한 코칭 공부, 어느덧 한국코치협회 KPC(Korea Professional Coach) 전문 자격까지 취득했다. 그러면서 질문의 힘을 배웠고, 자기 성찰과 자기 관리에 활용하는 법을 터득했다. 지금은 간호장교 후배, 대학생, 장애인과 그 가족을 대상으로 공익 차원의 코칭을 하고 있다.

오랜 꿈이던 박사학위 공부는 동갑내기 친구들 덕분에 용기 내어 시작했다. 처음엔 '이렇게 나이 들어 학위를 시작하는 게 잘하는 걸까?', '이 나이에 공부해서 어디에 써먹지?'라는 의문이 들었다. 나이 걱정에 대해선 몇 살까지 살지 알 수 없으니 나이 때문에 포기하는 것은 어리석고, 배움에는 끝이 없는 법이라고 결론지었다. 이렇게 배운 걸 나 자신에게 적용할 수 있으면 좋고, 사람들을 돕는 데 쓰게 되면 더 감사한 일이다. 박사 과정 중 운동생리학과 영양학을 공부하다가 생활습관의학(Lifestyle Medicine) 분야를 알게 됐다. '생활습관의학'은 신체 활동, 식습관, 스트레스 관리, 수면, 사회적 연결, 위험 물질 회피 등 건강에 직결되는 생활 습관을 관리하는 의학 분야이다. 이걸 공부하면서 체계적으로 건강 습관을 만들어 가고 있다. 결국 12월에 있는 국제 전문 자격시험을 준비하고 있다. 평소 영어에 대한 갈망이 있던 나는 선배 제안으로 의학 전문 번역에도 뛰어들었다. 다시 영어 공부를 하고, 번역 전용 프로그램을 익히는 일은 꽤 번거로운 일이었다. 특히 번역 작업에는 장시간 집중이 필요해서 부담스럽기도 하다. 하지만 포기하지 않고 계속해 나가고 있다. 노년에 풍요롭게 즐길 나만의 여가 활동을 신중하게 찾고 익히고 즐기는 중이다. 좋은 인연을 맺고 관계를 키워나가는 일에도 열심인데, 특히 소중한 사람들을 위해 짬짬이 시간과 마음을 비워 둔다.

이렇듯 나의 일상은 다시 바빠졌다. 매일 아침 "오늘은 좋은 일이 일어날 거야!"라는 마법 주문을 외친다. 10분 스트레칭으로 하루를 시작해 숨 가쁘게 그러나 쉼도 즐기며 보낸다. 매주 박사 수업을 위해 학교에 가고, 틈을 내어 공익 코칭, 강의와 워크숍을 진행한다. 캘린더는 촘촘한 일정으로 채워져 있어 놓치지 않기 위해 긴장해야 하지만, 일정에 쫓기기보다 나만의 속도로 살아가고 있다. 크고 작은 선택 하나하나가 내 삶의 가치와 연결되고 있다고 믿으며.

그럼에도 가끔 '이걸 굳이 해야 하나?', '괜한 욕심일까?', '잘하고 있는 걸까?' 하는 불안감이 고개를 든다. 이 불안감은 멈추라는 신호가 아닌, 더 신중하게, 더 나답게 살아가자는 내면의 목소리다. 다시 나에게 묻는다. '이것이 진짜 원하는 거야?' 그 질문 앞에 멈춰 내 마음을 들여다보고, 주변을 살핀다. 그리곤 고개를 들고 다시 힘차게 발걸음을 내디딘다.

프로스트의 「가지 않은 길」처럼, 나는 여전히 수많은 갈림길 앞에 선다. 때론 두려움에 고개를 내밀어 앞을 살펴보지만, 그 길 너머에 또 다른 '새로운 세계'가 있으리라는 믿음으로 한 걸음 한 걸음 앞으로 나간다. 익숙함을 내려놓고 걸어 들어선 낯선 길 위엔 언제나 새로운 삶의 궤도가 펼쳐진다. 나에게는 매 순간이 다시 시작하는 출발점이다.

오늘도 나는 낯선 길 위에서 또 다른 세상을 만난다. 언젠가 그 길 위에 뿌려 둔 크고 작은 꿈들이 자라나 울창한 숲을 이루는 상상을 하며.

> **삶이 말이 되는 질문**
>
> **Q** 당신은 오늘 걸었던 길 위에서 어떤 꿈과 만났나요?
> 그 꿈이 당신에게 무슨 말을 전했나요?

7
나를 보듯 세상을 보다

장 정 현

사람은 자신을 바라보는 눈으로 세상을 본다. 나를 있는 그대로 바라보면 다른 사람을 보는 시선도 편안해지고 세상을 대하는 태도도 부드러워진다. 반대로 판단과 평가의 시선으로 바라보면 나의 단점이 커 보이고 타인도 마음에 들지 않는다. 세상은 온통 불만으로 가득 찬다.

인생은 내가 세상을 평가하도록 두지 않고 그 불편한 시선을 그만 내려놓으라고 알려 준다.

학창 시절, 나는 원하는 것을 찾기도 전에 부모님과 선생님의 반응에 관심을 쏟으며 인정받으려 애썼다. 그땐 그게 당연한 줄 알았다. '말 잘 듣는 아이'라는 칭찬이 듣기 좋았다. 1남 3녀 중 막내딸로 태어나 나보다 노련한 언니들과 귀한 아들 남동생보다 관심을 받기 위해 무엇이든 잘하고 싶었다. 백 점짜리 시험지, 일등 성적표, 각종 대회 상장, 임명장 같은 결과물로 나의 가치를 증명해 보이려 했다. 있는 그대로 소중한

'나'인데 성과로 평가받는다고 믿었다. 친구를 사귈 때도 마찬가지였다. 부모님께 떳떳하게 소개할 수 있는 모범적인 친구를 골라 사귀었다. 나이가 같거나 같은 반이면 그냥 친구가 될 수 있는데 마음에서는 선을 긋고 편을 갈라놓았다. 나중에는 부모님 때문이라며 핑계를 대고 원망했지만 돌아보면 순전히 내 욕심에서 출발한 나의 잘못된 해석 탓이었다.

초등학교에 입학한 날부터 피아노 학원에 다니기 시작했다. 연주를 배우는 일도 즐거웠지만 노래하는 시간이 특히 좋았다. 매일 동요를 부르며 호흡과 발성을 연습하다 보니 목소리에 힘이 붙고 발음도 또렷해졌다. 해마다 예술제에 나갔다. 처음엔 독창 경연만 참여했다가 차츰 중창, 합창까지 연습해서 출전하여 분야별로 상을 받았다. 무대에서 조명을 받을 때마다 긴장되고 실수할까 두려웠지만 기대와 설렘이 훨씬 컸다. 트로피는 단순한 보상이 아니라 내가 무대 위에서 빛날 수 있다는 증거가 되어 주었다. 박수를 받는 순간, 내가 가치 있고 특별한 사람이 된 것 같아 벅찼다. 매년 학급 간부를 맡아 친구들을 이끌었다. 선생님이 안 계실 때는 대신해서 칠판에 과제를 적으며 학습 분위기를 유지하려고 선생님 흉내를 내기도 했다. 사춘기에 접어들며 점점 친구들의 시샘이 날카로워지기도 했지만, 선생님의 칭찬 한마디면 괜찮았다.

사관학교에 입교하여 적응하느라 힘들었던 1, 2학년을 거쳐 3학년이 되면서 차츰 성적도 오르고 빡빡한 학교생활에서도 나름 재미를 찾을 수 있었다. 3학년이 되었을 때는 학년을 대표하는 중대장 생도로 선출되었다. 동기들의 인정을 받은 선출직이어서 내게는 보다 큰 의미가 있었지만 만만치 않은 책임감을 감당해야 하기에 어려운 자리이기도 했다. 그해 국군의 날 행사에서는 행사 참여 인원 전체를 이끌어 학교를 대표하는 대대장 역할을 맡았다. 목청도 커야 했고 카리스마와 통솔력이 요구되는 역할이었다. 생도 전체가 내 구령에 맞춰 움직일 때면 혹여나 내 실수로 대열 전체가 흐트러지진 않을까 불안했다. 행사 참여 인원 중 유일하게 여성으로만 구성된 우리는 일거수일투족이 관심의 대상이었고 작은 실수도 더 눈에 잘 띄기에 긴장감이 어깨를 무겁게 짓눌렀다. 실수를 걱정하기보다 우리의 장점에 집중하여 즐길 수 있었다면 같은 경험도 더 큰 성취와 만족을 느낀 기억으로 남길 수 있었을 텐데 아쉽다.

육아 과정에서도 주변을 과도하게 의식하는 패턴은 계속 이어졌다. 아이가 내 눈에 거슬리는 행동을 하면 '남들이 보면 뭐라고 할까?' 하는 생각이 먼저 떠올랐다. 아이를 내 기준에 맞추려 했고 결국 내가 살아온 방식을 별생각 없이 그대로 대물림하고 있었다. 어릴 때 부모님께서 자주 말씀하신 몹시도 싫어했던 말을 그대로 내가 하고 있다니 소름 끼칠 만큼 싫었다. 아이가 울먹이며 "엄마, 나 그냥 내가 하고 싶은 거 하면 안 돼?"라고 말했을 때 비로소 정신을 차렸다. 사랑한다는 이유로 오히려 더 통제하려 하고 내 불안을 아이에게 주입하고 있었다. 성인이 되어서도 내 중심은 제대로 서지 않은 채 타인의 시선에만 맞추려 했다. 아이에게 미안하다고 사과하며 동시에 나 자신에게도 용서를 구했다. 그제야 나를 있는 그대로 보려 했다.

정신 간호 주특기 교육 시절, 정신과 병동에서 환자들을 만나며 이전에 갖지 못했던 시선을 배웠다. 조울증이 있는 한 병사는 어린 시절 가족에게 받은 상처를 이야기하며 눈물을 흘렸고 조현병을 앓는 부사관은 오해와 편견 속에서 살아온 외로움을 털어놓았다. 가장 가까운 가족도, 친한 친구도 다 이해할 수는 없는 개개인의 속사정. 그들의 삶은 병력 몇 줄로 설명할 수 없고 성격과 기질, 성장 환경과 다양한 관계가 얽혀 한 사람을 만들어 가고 있었다. 사람은 누구나 자신만의 고유한 이야기를 지닌 존엄한 존재이다. 각자가 한 편의 긴 이야기를 품고 있다. 결코 성과나 잘잘못으로 재단할 수 없는 복잡 미묘한 사연들을 가진다. 누군가가 나를 간단한 몇 줄의 문장으로 판단, 평가하여 정의까지 내린다면 충분한 이해와 관찰 없이 명명하는 것에 화가 날 것 같다. 약물치료와 상담의 방향을 잡기 위해 병적 증상에 대한 진단을 내리는 동시에 사람에 대한 다각적인 이해와 공감의 시선도 필요하다.

사람을 총체적인 관점에서 이해하려는 다양한 방법들을 배우고 적용하게 되면서 나를 바라보고 스스로 평가하는 태도도 변화했다. 학창 시절에는 성적과 등수가 중요했고 장교 시절에는 성과와 평가에 신경이 쓰였다. 칭찬을 들으면 마음이 놓였고 실망스러운 평가에는 쉽게 흔들렸다. 평가에 신경 쓸수록 평가 결과는 더 만족스럽지 않았고 불만이 생겨났다. 나의 진가를 몰라준다며 서운함이 앞섰다. 그러나 이제는 무언가를 잘하지 않아도, 인정받지 않아도 이미 스스로 충분하다고 생각할 여유도 생겼다. 나를 있는 그대로 받아들이자, 마음이 한결 가벼워졌다. 그동안 내 마음을 무겁게 짓누르고 있었던 불필요한 신념과 관습에 휘둘렸던 생각을 하면 억울하기도 했지만, 이제라도 알게 되어 다행이었다.

나를 대하는 시선이 달라지자, 타인을 보는 시선도 변하기 시작했다. 사람을 만나면 학벌이나 직업을 먼저 궁금해하고 곧 나와 비교했다. 나보다 부족해 보이면 얕보고 나보다 나으면 비교당하지 않으려고 외면했다. 또 내 생각과는 다른 의견을 들으면 불편해져 서둘러 자리를 피하고만 싶었다. 그러나 이제는 다름을 존중하고 오히려 다양성이 사회를 단단하게 지탱한다는 사실도 알았다. 동료의 실수를 볼 때도 비난하기보다 먼저 사정을 묻고 도울 방법을 찾는다. 그런 변화는 협조를 이끌어 관계를 훨씬 부드럽게 만들었다. 가족을 대하는 태도도 달라졌다. 완벽한 부모가 되려고 애쓰기보다 함께 웃고 울며 하루하루를 소중히 여기려고 노력한다.

내가 세상을 변화시킬 수 없고 타인을 내 맘대로 바꿀 수는 없지만, 마음만 먹는다면 스스로 변화하는 건 가능하다. 내가 보는 관점이 달라지면 그 바뀐 시선으로 타인과 세상을 바라보게 된다. 사사건건 불평불만이 많은 사람을 보게 될 때가 있다. 세상을 향해서는 엄격한 잣대를 들이대지만 정작 자신은 기본조차도 이행하지 않는 사람을 보게 된다. 그런 경우 무의식적으로는 자신의 이상적인 기준에 미치지 못하는 자신을 비난하거나 자존감이 바닥일 때가 많다. 자신에 대한 불만을 드러내고 표출하지 못하면 그 분노가 엉뚱한 다른 사람에게 향하는 것이다. 정작 영문도 모른 채 당하는 상대방은 억울할 수밖에 없어 관계가 나빠지기 쉽다.

세상은 나로부터 시작된다. 세상의 변화를 이끌고 싶다면 자신에게 집중해서 나부터 변해야 한다. 나를 보는 눈이 달라지면 내가 달라질 수 있다. 그리고 그 바뀐 시선으로 바라보는 세상은 분명 이전과 같은 세상일지라도 전혀 다른 느낌일 것이다.

삶이 말이 되는 질문
Q 내 마음의 변화 때문에 타인을 이해하게 되거나 혹은 오해하게 된 경험이 있나요?

2장

묻다
: 세상을 향해

인생의 긴 여정 속에서 묻고 성찰하는 과정 자체가 의미 있다. '묻는 일'은 내면을 비추고 타인과의 관계를 풍요롭게 하며 삶의 방향에 중심을 잡아 준다. 내 선택이 완벽한 정답이 아닐지라도 끊임없이 질문하고 사유하는 그 과정에서 성장한다.

1
페미니즘이 불편해?

나정순

페미니즘에 대해 '페'자도 꺼내지 말라는 지인이 있다. 성평등은 이해하지만, 페미니즘은 부담스럽다고 한다. 그에게 페미니스트는 남자를 미워하고 여자가 남자 위에 서야 한다고 믿는 사람들처럼 보인다. 늘 화가 나 있고 웃지 않으며 세상과 싸울 준비만 하는 존재로 그려진다. 페미니스트라는 말을 듣는 순간부터 벽이 생기고 대화가 싫어진다고 한다.

나는 페미니스트지만 남자를 미워하지 않는다. 남자가 아니라 나 자신을 위해 화사한 옷을 입고 립글로스를 바른다. 잘 웃고 하이힐도 즐겨 신는다. 행복한 페미니스트다. 나이지리아의 작가 치마만다 응고지 아디치에는 페미니스트를 '모든 성별이 사회·경제·정치적으로 평등하다고 믿는 사람'이라고 정의했다. 그 생각에 동의한다면 당신도 페미니스트다. 어떤 사람에게는 왜 여전히 '그 단어'가 불편할까?

성평등 교육 현장에서 사람들은 질문한다. "왜 굳이 페미니즘이라고 하나요? 그냥 인권이라고 하면 되지 않나요?" 언뜻 맞는 말처럼 들린다.

그러나 그것은 솔직하지 못한 태도다. 페미니즘은 분명 인권의 일부다. 하지만 페미니즘을 단순히 '인권'이라고만 표현하는 순간 여성들이 수백 년 동안 겪어온 차별과 억압, 사회로부터 배제되어 온 역사가 가려져 버린다. 우리는 문제를 풀기 전에 먼저 그 사실을 정직하게 마주해야 한다.

나는 성차별을 또렷이 느끼지 못하고 자란 사람 중 한 명이다. 초등학교 때 성적이 좋았고 매년 우등상을 받았다. 그 당시 반장은 늘 남학생이었고 나는 부반장이었다. 그런데도 그 상황에 의문을 품었던 기억은 없다. 중학교 3학년은 남녀 합반이었는데 투표에서 내가 반장으로 선출되었다. 중학교는 '그런가 보다.' 하고 생각했다. 규칙은 사회 전체를 위해 존재한다. 그러니 개인은 다소 불편함이 있더라도 따라야 하지 않겠는가. 사회의 문화와 제도를 비판 없이 신뢰했다. 이런 사상을 누구로부터 배웠는지 모르겠다. 다만 실력이 탁월한 사람이 되고 싶었다.

사회생활을 시작하면서 새로운 문화에 나를 맞추기 위해 노력했다. 결혼하면 여성은 퇴직한다는 말이 흔했지만, 나는 경제적으로 독립하고 싶었다. 살아남으려면 더 성실하고 뛰어나야 한다고 믿었다. 아들의 유치원이나 학교 입학식에 한 번도 참석하지 못했다. 나 대신 아이를 돌보는 언니가 찍어 준 사진으로 아이의 새로운 시작을 지켜보았다. 어린 아들에게 "우리가 떨어져 있더라도 마음이 함께 있으면 같이 있는 거나 마찬가지야." 하고 말했다. 아이 눈을 똑바로 바라보며 주말에 만날 때마다 반복했다. 슬픔을 느끼지 않으려 나부터 세뇌했다. 일과 가정을 양립하기는 어렵다는 현실을 받아들였다. 그렇게 하지 못하는 많은 여성이 직장을 떠났다. 관리자가 된 후에도 생각은 크게 바뀌지 않았다. 후배가 아이를 돌보려고 휴가를 내면 낯설었다. 내게는 허락되지 않았던 선택이었기 때문이다. 뒤늦게 되돌아보니 하나밖에 없는 어린아이에게 너무 가혹했다는 후회가 밀려왔다. 억눌렀던 눈물이 미안함과 함께 비처럼 쏟아졌다.

전업주부의 삶이 부러울 때도 있었다. 직장인들이 근무하는 시간에 카페에 앉아 커피를 마시면서 책을 읽는 여성들이 부러웠다. 친구들과 여유로운 브런치를 즐기는 장면을 상상하기도 했다. 하지만 한 번도 퇴직을 고려하지 않았다. 경제력은 삶을 유지하는 핵심 요소라고 생각했기 때문이다.

직무에는 성실했지만 사회 문제에는 큰 관심을 두지 않았다. 여성 국회의원 비율이 20% 남짓이라는 소식도 대수롭지 않게 넘겼다. 유치원에서 대학교로 교육 단계가 올라갈수록 남성 교원이 압도적으로 많아지는 현실에도 문제의식을 느끼지 못했다. 문화와 전통이라는 주어진 상황을 당연하게 받아들였다. 한편으로는 어렵고 힘든 일은 남성에게 더 적합하다고 생각했다.

10년 전, 군에서 성평등 업무를 맡게 되면서 전문가들로부터 양성평등 교육을 받았다. 한국양성평등교육진흥원에서 들은 강의는 이전과 달랐다. 페미니스트 교수님의 강의는 단호했고 때로는 날카로웠다. '성 인지 감수성이 부족하다.'라는 말을 들을까 봐 질문을 삼갔다. 답답했다. 집으로 돌아오면 머리가 지끈거렸다. 내가 살아오면서 익히고 따라온 삶의 방식과 달랐기 때문이다.

나는 성별 고정관념이 없는 사람이라고 생각해 왔다. 능력만 있으면 여성이든 남성이든 공평하게 경쟁해 살아남을 수 있다고 믿었다. 그런데 무의식적으로는 '남자는 집안의 생계를 책임져야 한다. 여성의 아름다운 외모는 결혼이나 승진에 도움이 된다.'라고 생각해 왔다는 걸 깨달았다. 이런 의식들이 보이지 않은 족쇄가 되어 성차별을 만든다. 그 결과 남성은 생계를 책임질 중요한 경제활동과 의사 결정권을 가지게 되면서 권력이 점점 커진다.

동시에 새로운 의문이 떠올랐다. 왜 여전히 많은 여성이 아름다움을 좇고 다이어트에 몰두할까? 이런 모습이 스스로 차별을 강화하는 건 아닐까? 답은 쉽게 보이지 않았다. 인터넷에는 10대부터 60대까지 여성 방송인의 성형과 다이어트 기사로 가득하다. 저체중 상태에서 과연 제대로 생활할 수 있을까 걱정된다. 드라마 속 주인공은 날씬하고 아름답다. '여성은 날씬하고 어려 보여야 인정받는다.'라는 메시지를 끊임없이 주입한다. 화장품과 다이어트 산업은 매끈한 피부와 마른 몸을 행복의 조건으로 포장한다. 결국 개인의 선택은 자유처럼 보이지만 사실은 사회적 압력 속에서 무의식적으로 학습된다. 성별 고정관념을 깬다는 의미가 '여성이 외적인 미를 추구하면 안 된다.'라는 뜻은 아니다. 왜곡된 기준에 질문을 던지고 다양한 삶을 선택할 수 있는 자유를 되찾으라는 의미이다.

　사람은 반복된 상황 속에 살다 보면 그것을 당연한 일로 받아들인다. 여성이 집안일과 육아를 도맡아 하는 일상이 불문율처럼 굳어지면 사회는 '가사는 여성의 일'이라고 생각한다. 그런 사회에서는 여성을 '사무실의 꽃'이라 부른다. 일은 남성이 주도하고 여성은 그 일을 보조하는 존재라는 의미이다. 이런 사회의 분위기 속에서 직장 내 성적 괴롭힘은 은밀하지만 빈번하게 발생한다.

　국회의 다수가 남성으로 채워지면 지도자는 남성이어야 한다는 고정관념을 자연스럽게 받아들인다. 그러나 지도자가 반드시 신체적으로 강해야 할까? 오히려 지혜와 창의성, 새로운 발상이 더 필요하다. 여성도 이러한 능력을 충분히 발휘할 수 있다.

　요즘에도 성평등 교육 시간에 질문을 받는다.
"지금은 남자가 오히려 차별받고 있지 않나요?"
"여자도 군대 가면서 성평등을 논하면 좋겠어요."
"성희롱은 남성도 당하는데 여성 피해자에 대해서만 얘기하시네요?"

"여성도 남성의 외모를 평가하던데요?"

이런 질문들이 잘못되었다고 보지 않는다. 남성 중심 문화를 정상으로 여겨온 사회에 새로운 질서가 들어서면 누구나 낯설고 불편하다. 질문은 자연스럽게 생길 수밖에 없다. 그 질문에 귀 기울이고 열린 마음으로 대화를 이어 가야 한다. 그렇게 할 때 우리는 문제를 하나씩 풀어갈 수 있다.

모든 차별은 권력의 문제다. 역사적으로 남성이 독점해 온 권력을 이제 남성과 여성이 함께 나누어야 한다. 여성은 남성의 보조적 존재가 아니다. 여성은 온전한 독립적 존재이다. 여성의 목소리를 빼앗거나 침묵을 강요해서는 안 된다. 그렇다면 우리는 무엇을 해야 할까? 젠더라는 이름으로 서로를 상처 내고, 복수하듯 싸우지 않기를 바란다. 남성이든 여성이든, 나이에 상관없이, 부유하든 가난하든 누구나 자율적이고 주체적으로 살아갈 권리를 가지고 있다. **성별에 관계없이 서로를 평등한 존재로 존중할 때 더 나은 세상으로 나아갈 수 있다. 그날이 올 때까지 페미니즘은 필요하다.**

> 삶이 말이 되는 질문
> **Q 일상 속에서 성평등을 배우게 된 순간은 언제였나요?**

2
학원인데, 정말 그렇게까지 해야 할까요?

방연주

"학원인데 그렇게까지 해야 해요?"

지인들의 이 말에는 내 건강을 염려하는 따뜻한 마음이 담겨 있다. 반면 가족이나 직원들의 질문에는 책임에 대한 부담감, 그리고 그들도 고생해야 하는 게 아니냐는 물음이 섞여 있어 대답하기가 쉽지 않았다. 이 질문을 두고 누구보다 갈등했던 사람은 나였다. 한주에 몇 번씩 "학교도 아닌데, 얼마나 정성과 감정, 시간을 쏟아야 할까?"라고 묻고 또 물었다. 하지만 결론은 항상 같았다. "그렇다. 마음을 다해 정성을 쏟아야 한다." 그 이유는 명백하다. 그것이 우리 간호 학원의 정체성이자, 학원장으로서 내 신념이고, 수강생과 직원 모두가 함께 성장하는 길이기 때문이다.

입사해서 간호조무사 자격증 취득 1기 과정을 개설하기까지 꼬박 7개월 걸렸다. 우수한 강사를 채용하고 실습 의료기관을 물색해 협약을 체결했다. 교육과정 개설을 위한 계획을 세우고 심사 평가를 준비했다. 모든 게 처음이라 매번 막막했고 놓친 건 없는지 불안했다. 초기 세팅 과정도 녹록지 않았지만, 수강생이 없는 빈 강의실을 둘러보는 마음은 더 편치 않았다. 수입은 0원인 데 반해 매달 고정 지출 비용을 청구하노라면 무임승차 한 것처럼 마음이 불편했다. '지금, 내가 할 수 있는 일이 무엇일까?', '다른 학원에 비해 후발 주자인 우리 학원이 내세울 수 있는 강점은 무엇일까?', '법인 회사가 운영하는 학원으로서 사회적 책임은 무엇일까?' 질문하고 또 질문했다. 답을 찾기 위해서 사람들을 만나며 귀 기울여 들었다. 지역 독서동아리 회원들에게 강의실을 무료로 내주었다. 밤늦게 걸려 오는 전화도 흔쾌히 받으며 그들의 궁금함과 두려움이 해소될 때까지 응대했다. 등록을 종용하는 것이 아니라 정확히 알려 주고자 애쓰는 마음이 전해지자 차츰 찾는 이가 늘었다.

첫해에는 국비 지원 과정이 개설되지 않아 수강료 부담 때문에 등록률이 낮았다. 그래도 성심껏 상담을 이어 갔다. 등록하지 않아도 괜찮다고 설명하며, 자신에게 가장 잘 맞는 학원을 찾는 방법을 함께 고민했다. 무모해 보일지도 모르는 반복적인 일상의 꾸준한 노력이 결실을 이루기 시작했다. 독서동아리 모임으로 방문했던 회원은 2년째 강의해 주고 있고, 올해는 학원 수료생, 재원생들과 지역 주민을 위한 건강 프로그램도 진행했다. 세 번이나 상담을 받으러 오셨던 분은 일정이 안 맞아 다른 학원을 선택했지만, 국비 지원 과정이 개설되자 직장 동료를 소개했다.

간호조무사라는 직업에 관심을 가지더라도 막상 학원에 오기까지는 대개 수개월에서 수년이 걸린다. 방문 상담을 받더라도 수강 등록으로 곧장 이어지는 비율은 절반도 안 된다. 자격 취득까지 1,520시간이나 소요될 뿐 아니라 누군가를 돌보는 일은 아무나 할 수 있는 일이 아니기 때문이다. 막연한 시작이 아니라 각자의 절실한 이유를 찾고 도전할 때 끝까지 완주할 수 있다. 어린 자녀를 돌보기 위해 일을 중단했던 엄마는 자녀의 학원비를 벌기 위해 직업이 필요하다. 열과 성을 다해 아들과 딸을 키워 낸 엄마는 자녀 독립으로 생긴 공허한 마음을 채울 것이 필요하다. 자녀를 격려했던 엄마는 그들의 응원을 받으며 세상 앞에 서려고 준비한다. 저마다 사연을 가지고 용기를 냈지만, 결국 나이가 많다는 이유로 마음에 생채기 하나씩 가지고 나와 만난다. 적지 않은 나이라 과연 가능할지 주저하면서도 극복하고 싶다는 간절한 마음에 우리 학원을 찾아온 이들에게 두 번 상처를 주어서는 안 된다고 생각했다.

'줄탁동시(啐啄同時)'
병아리가 알에서 깨어나기 위해서는 어미 닭과 병아리가 동시에 안팎에서 쪼아야 하듯이 용기 내어 집 밖을 나오려는 이들을 질문으로 자극한다.

단순히 돈을 바라는 게 아니라 가치 있는 삶을 살고 싶고, 이왕이면 누군가를 돕고 싶은 마음을 지닌 엄마들이 먼저 그 사랑과 관심을 받아 볼 수 있게 마중물이 되는 것이 나의 역할이다. 그들이 처한 환경을 바꿔 줄 수는 없어도 상황을 바라보는 다른 태도를 선물해 줄 수 있다. 현실에 비관하며 낙담하던 이들이 긍정의 힘과 가능성을 찾도록 질문하고 경청한다. '어떻게' 자격증을 딸 수 있는지 설명하기에 앞서 '왜' 자격증을 따고 싶은지부터 묻는다. 어느 정도까지 알고 있는지 먼저 질문하고 상담 깊이와 너비를 조절한다. 취업 준비는 자격증 취득한 이후가 아니라 지금부터라는 점을 알려 주고 생각을 정리할 수 있게 돕는다. 쉽게 답할 수 있는 일상적인 것에서부터 당장 답하기 어려운 핵심 질문까지 반응을 살피며 묻기도 한다. 많은 이들이 예상치 못한 질문에 주저하다가도 그동안 표현하지 못했던 깊은 이야기를 꺼내고, 때로는 눈물을 쏟으며 안도한다.

"막상 취업하려 하니 갈 곳이 없더라고요. 저도 해낼 수 있을까요?"
"이런 깊은 이야기는 어디서도 꺼내 본 적 없어요."
"눈물샘이 마른 줄 알았는데…. 아니었네요."
"말하고 나니 너무 시원해요."

자격증 취득 과정을 알아보러 왔던 이들이 자기 삶의 여정을 말하며 멋쩍어한다. 그늘이 드리웠던 표정에서 빛이 난다. 일면식도 없이 처음 만난 나의 짧은 질문에 고단한 삶의 무게를 내려놓는다. 누군가는 덤덤하게, 누군가는 눈물과 함께 꽁꽁 싸매 두었던 상처를 꺼낸다. 섣불리 위로할 수도, 응원할 수도 없다. 이렇게 씩씩하게 버텨 준 것만으로도 고맙고 소중한 이들이다.

그렇게 3년간 많은 이들이 앉아서 울고 울었던 자리에서 오늘도 새로운 이야기가 펼쳐진다. 이것이 내가 입학 상담에 심혈을 기울이는 이유다. 효율적인 교육 설명회를 여는 대신 학원장인 내가 직접 1:1로 상담하는 까닭이다. "학원생이 한 명도 없는데 뭐가 그리 바빠?"라고 묻는 남편의 말에 "학원생이 없으니까 더 바쁘지."라고 답한 지 2년이 흘렀다. 감사하게도 개원 3년 차인 올봄에는 정원이 조기 마감되는 쾌거를 이뤘다.

학원장이라는 직업이 전역 후 계획에 있었던 것은 아니다. 안정된 직장을 바라던 남편과 새로운 만남 속에서 누군가의 성장과 변화를 돕는 직업을 꿈꾸던 나의 바람이 간호학원장으로 귀결되리라곤 상상도 못 했다. 그렇기에 학원장 업무를 알고 시작한 것도 아니다. 학원 전임강사로 일한 적이 있지만, 학원장으로서 운영하는 일은 전혀 달랐다. 답답함이 들 때면 국군수도병원 기획 총괄 장교로 전입 신고했던 첫날 받았던 질문이 떠오른다.

"방 소령님, 기획조정과에서 일하려면 제일 먼저 배워야 하는 게 뭔지 아세요?"

"글쎄요. 제가 무엇을 우선으로 배우길 원하시나요?"

"맨땅에 헤딩하는 법이에요."

"그러네요. 무에서 유를 만들어 내야 하니까요. 자신 있습니다. 과장님을 믿고 제대로 배워 볼게요."

오늘도 나는 새로운 문제 앞에서 맨땅에 헤딩하며 엎드려 묻는다.

"저를 학원장으로 부르신 이유가 무엇일까요?"

두 갈래 길에 설 때마다 기꺼이 헌신하는 삶을 선택하고 싶다. 마지못해서 하는 희생이 아니라 목적을 알고 헌신하며 나아가는 나를 꿈꾼다.

처음에는 손해 보는 것 같아도 수강생과 교직원의 행복은 결국 나의 행복으로도 귀결될 것이다. 질문하면 생각이 자극되고 행동이 통제되며 나 스스로 설득이 된다. 그래서 나는 오늘도 질문하고 답을 찾는다.

삶이 말이 되는 질문
Q 나는 '마지못해 하는 희생'과 '목적 있는 헌신'을 구분하며 실천하고 있나요?

3
인생의 홀로서기는 언제부터일까?

송주영

한 번쯤 혼자 살아 보고 싶었다. 딸, 딸, 아들 집의 둘째는 외동인 아이가 참으로 부러웠다. 나만의 방에서 잠을 자고 하루를 보낸다는 것은 어떤 기분일지 상상만으로도 벅찼다. 누구의 살갗에도 부딪히지 않은 채 양팔을 벌리고 누워 천장을 하늘 삼아 별자리를 그어 보고 싶었고, 아무런 간섭 없이 한낮의 고요함을 즐기며 책을 읽고 싶었다. 혼자 산다는 것은 한 번도 경험해 보지 못한 미지의 세계이자 신비 그 자체였다. 가족들과 함께하는 시간도 물론 소중했지만 갖지 못한 것에 대한 소망은 사춘기를 지나며 더욱 커졌다. 하지만 두 살 터울의 언니가 대학 입시에서 고배를 거듭 마시며 내 방만이라도 가질 수 있을까 했던 기대도 무너졌다. 내 방을 갖고 싶다는 작은 소망의 불씨는 고 3이 되면서 독립의 의지로 타오르기 시작했다. '혼자 살아 보고야 말겠어!' 교실 뒤의 게시판에는 모의고사 점수에 따라서 갈 수 있는 대학과 학과가 빼곡히 적힌 벽보가 붙어 있었다. 지도 맨 아래에 있는 우리 집을 기준으로 보았을 때 대전 지역 위에 있는 학교만 합격하면 독립은 확정이었다. 저 많은 곳 중에서 내가 혼자 살게 될 곳은 어디일지. 빼곡한 글씨를 속으로 수없이 동그라미 치며 뜨거운 수능을 마쳤다.

 혼자 한번 살아 보겠다고 발버둥 치는 어린 학생이 하늘은 가엾지도 않으셨는지. 어느새 눈 떠 보니 더 커다란 공간에서 훨씬 많은 이들과 함께 지내고 있었다. 고향보다 먼 곳도 맞고 독립도 맞지만, 혼자는 아니었다. 그렇다. 고등학교 졸업식도 하기 전에 나는 입대를 했다. 한 달 여간의 예비 생도 훈련을 마친 후 사관생도라는 이름표를 달았다. 나와 같은 옷을 입은 아흔네 명의 동기와 그와 비슷한 수의 선배들이 가득한 그곳에서 독립 아닌 독립을 맞이했다. 같이 산다는 것. 다섯 명이 복닥거리던 집과는 전혀 다른 공간이었다. 기숙사 건물 복도에 나란히 늘어선 십여 개의 호실 문. 그중 하나가 '우리' 집이다. 문을 열고 들어서면 중앙에는 화장실이, 양옆에는 방이 하나씩 있다. 방마다 책상도 두 개, 옷장도 두 개, 침대도 두 개다. 집에서는 이따금 식구들이 엇갈려 외출하는 날이면 잠시나마 혼자 있게 될 때가 있었다. 어머니께서 사두신 과자봉지를 맨 처음 뜯을 때의 짜릿함과 단 하나 남은 초콜릿 과자를 한입에 털어 넣어 버릴 때의 환희는 그야말로 추억이 되었다. 모두가 같은 시공간을 공유하는 이곳. 손길 닿는 모든 사물에 타인의 공기가 스며있는 이 공간은 앞으로 내가 살아갈 인생이 되었다.

졸업 후 장교가 된 후에는 군 병원 옆에 딸린 작은 숙소에서 동료들과 같이 살았다. 숙소 정문 계단을 내려가면 병원 입구가 나오는데 3분도 채 되지 않는 거리였다. 그 작은 틈을 비집고 '혼자'를 외치는 것은 사치스럽거나 혹은 우스꽝스러운 일이었다. 첫 직장을 떠나 또 다른 근무지로 이동하고 또 이동하며 수많은 이들과 얽히고설키며 지냈다. 인생 처음 해외 땅을 밟을 때도 차가운 이별할 때도 처음으로 운전대를 잡을 때도 늘 옆엔 누군가 함께했고, 그것은 이제 너무나 자연스러운 일이었다. 어릴 적 꿈꾸던 소망은 그저 빛바랜 일기장에 묻어 두게 되었다.

하지만 결혼 후 아이를 품에 안고 나서는 완전히 뒤바뀌었다. 나는 앞으로 절대 우주가 뒤집혀도 혼자가 되어서는 안 된다고 다짐했다. 아이와 같이 있는 순간이 세상에서 가장 소중했다. 내 얼굴로 가득 찬 아이의 눈동자는 바라만 봐도 좋았다. 꼭 안고 있으면 서로의 생각이 가슴으로 통하는 듯했다. 두 팔 넓게 벌려도 아무에게도 닿지 않는 공간을 꿈꿨던 나는 이제 두 팔 안에 아이를 안고 절대 놓지 않을 세상을 꿈꾸게 되었다. 체력이 좋은 엄마라 행복했다. 아이가 수박만큼 자라도 쌀자루만큼 무거워져도 번쩍번쩍 품에 안고 다닐 수 있어서 좋았다. 더 이상 안고 다닐 수 없는 나이가 되면서는 손을 꼭 붙잡고 다녔다. 어떻게든 아이의 손끝, 발끝, 머리카락 끝에라도 붙어 있고 싶었다. 달려가는 아이에게 이리 오라 외치며 그와 이어진 끈을 저 깊은 곳에 숨겨 놓고 싶었다. 어느 날 내 손보다 훌쩍 커진 아이의 손을 바라보면서, 같이 걸음을 시작해도 어느새 저만치 앞서가는 뒷모습을 보면서 문득 '혼자'이고 싶어 바동대던 그 시절의 내가 떠올랐다.

온 사랑을 다 주고자 했기에 하나로 충분했다. 물려받은 낡은 신발에 발이 헐떡거릴 일도 없었으면. 우리 엄마는 왜 팔이 두 개뿐일까 서운할 일 없었으면. 공정한 것보다 공평한 것을 앞서 고민할 일 없었으면 했다. 하지만 아이에게 나의 과거는 없다. 그 옛날의 서운함과 고민은 나만의 것일 뿐 아이에겐 둘이든 셋이든 하나든 전혀 모를 일이다. 저대로 자신만의 경험을 통해 고민하며 성장하고 있을 뿐이다. 한 날 아이가 전학한 친구의 집에 놀러 가겠다고 했다. 두 번의 환승에 걷는 시간까지 더하면 한 시간이 훌쩍 넘게 걸리는 곳이다. 어떻게 하면 가장 빨리 갈 수 있는지 조잘조잘 이르는 아이 얼굴을 앞에 두고 조심히 잘 다녀오라고 말하기가 쉽지 않았지만 아이는 벌써 신나게 내달릴 준비가 되어 있었다.

혼자 있고 싶은 마음이 젊음인지 묻고 싶다. 여행을 간다면 누구와 갈지를 먼저 고민하고 언젠가 세상에 홀로 남겨지진 않을까 걱정이 될 때 내가 조금 나이가 들었나 하고 생각한다. 만약 오롯이 혼자가 되어야만 한다면 그게 언제가 될지 선택할 수 있기를 바란다. 혼자 방 안에 누워 바라보는 천장에는 이제 작은 물고기자리도 빛나는 은하수도 없다. 한

낮의 고요함은 그저 적막함일 뿐. 한 번도 갖지 못한 나만의 방은 깊은 상상 속 어느 곳에 고요히 머물러 있다.

  남편은 거실에서 책을 보고 나는 부엌 식탁에서 글을 쓰고 아이는 방에서 숙제하는 이 집 안의 공기가 참 따뜻하다. 그토록 혼자 있고 싶었던 나는 어느덧 혼자가 되는 게 두려운 사람이 되었다. 어릴 적 꿈꾸던 혼자의 의미는 숫자 그 자체였다. 하지만 정작 내게 필요한 것은 홀로서기를 위한 준비였다. 자신의 선택에 책임을 지면서 삶을 계획하고 주도해 나갈 용기가 우선이었다. 뒤따라가기만 하고 앞서 걷지 못했다. 단 한 번도 홀로서기를 해 보지 못한 사람 같았다. 세상일에 미혹되지 않는다는 불혹을 앞두고 그 의미가 무색하게 두려움에 휘청이고 있었다. "어쩌면 인생의 홀로서기는 지금부터인 걸까." 중얼거리던 찰나, 내 늘어진 어깨에서 무엇을 눈치챘는지 "걱정하지 마. 당신은 혼자가 아니야. 내가 있잖아!" 하며 씩씩하게 웃는 남편을 뒤에 두고 어이없는 미소가 피식 새어 나온다. 과거의 내가 지금의 나에게 인생의 홀로서기가 언제부터인지 묻는다면 나는 아마도 '그 언젠가부터'라고 밖에 답하지 못할 것 같다. 흔들리는 몸을 기댈 수 있는 누군가가 이토록 든든히 곁에 있기에.

> **삶이 말이 되는 질문**
> **Q** 혼자 있고 싶을 때, 혼자가 두려울 때는 언제인가요?

4
정답보다 중요한 건 무엇일까?

심 화 정

　나는 오랫동안 답을 주는 사람이었다. 강의실에서는 지식과 정보를 전하고, 상담실에서는 위로를 건넸다. 전시 상황을 대비해 부대원들에게 응급처치를 교육하고, 테러 상황을 가정한 훈련에서는 총상과 자상, 대량 출혈 환자에 대한 대응을 함께 연습했다. 내담자들에게는 금연을 포함한 다양한 건강 관리 방법을 지도했다. 그들에게 다양한 상황의 해결책을 제시하는 일은 내 일상이었고, 그 속에서 나는 늘 답을 말해 주는 사람으로 살았다.
　그러나 정작 내 삶에 대한 문제에서는 달랐다. 무엇을 위해 살아야 하는지, 내가 진정으로 하고 싶은 일은 무엇인지 선뜻 답을 내릴 수 없었다. 군 생활을 마치고 새로운 직장을 선택할 때도, 대학원 진학을 고민할 때도 같은 물음이 따라왔다. 그 질문 앞에서 종종 나는 걸음을 멈추었다. 결정의 순간마다 모든 게 명확하진 않았다. 시간이 흐른 뒤에야 그 결정들이 내 삶에서 어떤 의미를 지니는지 조금씩 이해할 수 있었다. 삶의 답은 조급해하지 않고 마음을 들여다보며 살아갈 때, 어느 날 문득 내가 걸어온 길 위에 모습을 드러낸다.

아이를 낳고 기르면서 나를 향하던 질문은 자연스럽게 아이에게로 향했다. 진로와 성취를 고민하던 나는 이제 '어떤 부모여야 하는가?', '아이들에게 어떤 영향을 주고 있는가?'를 묻는다. 질문의 방향이 바뀌고 나는 아이들과의 일상 속에서 그 질문의 답을 조금씩 발견해 간다. 특히 기억에 남는 순간은 첫째와 둘째가 함께 점토 놀이를 하던 날이었다. 둘째가 길쭉한 덩어리를 뭉쳐 놓자, 첫째가 "뭘 만든 거야?" 하고 물었다. 둘째는 "뱀!" 하고 자신 있게 대답했다. 그러자 첫째가 환하게 웃으며 말했다. "와 멋지다! 진짜 뱀이네, 뱀이랑 똑같아!" 그 말을 들은 순간, 나는 깜짝 놀랐다. 첫째의 말투와 억양이 내가 평소 아이에게 쓰던 말과 같았기 때문이다. 아이는 내 말을 흉내 낸 것이 아니라, 내 언어를 자기 것으로 흡수하고 있었다. 아이들과 대화를 나눌수록 그들의 언어가 나의 언어와 닮았음을 깨닫는다. 그때마다 나는 내 말과 행동이 아이들에게 얼마나 깊은 영향을 미치는지 실감한다.

남편과 나누는 대화는 하루의 끝을 따뜻하게 마무리하게 한다. 아이들이 잠든 뒤 우리는 서로의 하루를 묻고 양육 방식을 고민한다. "오늘 내가 아이들에게 너무 화를 낸 건 아닐까?"라고 물으면, 남편은 이야기에 귀 기울이며 나의 감정을 이해해 준다. 동시에 내가 놓친 부분을 조심스레 짚어 준다. 그의 말 한마디는 내 생각의 방향을 바꾸고, 다시 나를 돌아보게 한다.

첫째가 유치원을 마치고 돌아오면 종일 짜증을 내던 시기가 있었다. 들어주기 난감한 요구를 하고, 받아들여지지 않으면 울음을 터뜨렸다. 낮잠이 사라지는 과도기와 새로운 환경 적응이 겹친 탓이었다. 반복되는 상황 속에서 나는 점점 지쳐가며 문제의 원인을 나에게서 찾으려 했다. "내가 뭘 잘못해서 저런 행동을 보이는 걸까?" 그때마다 남편은 "잘하고 있어. 시간이 지나면 괜찮아질 거야."라며 내 마음을 먼저 살피라고 조언하며 위로했다. 그 대화를 계기로 스스로 책망하던 마음은 '난 충분히 잘하고 있어.'라는 위로로 바뀌었다. 아이에게 다가가는 방식도 달라졌다. 예전에는 짜증 내는 이유를 물으며 다그쳤지만, 이제는 피곤하지는 않은지 묻고 '엄마가 안아줄까?' 하며 팔을 뻗는다. 그 작은 변화가 아이의 마음을 열었고, 우리 사이의 거리를 따뜻하게 메워 주었다.

질문은 관계를 바꾸는 힘을 지닌다. 남편에게 "왜 아이들에게 영상을 보여 줬어?"라고 추궁하기보다 "주말 내내 아이들 보느라 힘들었지?"라고 묻는다면, 그의 마음을 더 깊이 들여다볼 수 있다. 달라진 질문 하나가 가족의 분위기를 바꾼다. 우리는 종종 서로에게 서운한 점이 없는지 묻곤 한다. 남편은 늘 없다고 말하지만, 그 질문을 주고받는 행위 자체가 서로를 아낀다는 신호가 된다. 그렇게 쌓인 대화들이 우리를 더욱 단단하게 만든다.

　아이들과의 대화에서 질문은 마음의 문을 열어 줄 뿐 아니라, 사고와 배움을 확장하는 길이 된다. "오늘 유치원에서 재밌었어?"라는 닫힌 질문 대신 "오늘은 친구들과 어떤 게 재밌었어?"라고 묻는다. 그러면 아이는 뜻밖의 이야기를 들려주고 나는 아이의 세계를 조금 더 깊이 이해하게 된다. 이런 순간은 유대인의 전통적 학습법인 하브루타(Havruta)를 떠올리게 한다. 하브루타는 정답을 빨리 찾기보다 서로의 질문과 해석을 주고받으며 사고를 확장하는 데 가치를 둔다. 묻고 답하는 과정에서 아이의 사고력과 표현력이 자라고 관계 또한 깊어진다. 실제로 유대인의 가정에서는 금요일 저녁, 안식일 식탁에 온 가족이 모여 한 주 동안 가장 기뻤던 순간이나 인상 깊었던 일을 이야기 나눈다. 그 식탁은 단순한 식사의 자리가 아니라, 삶의 의미를 나누고 해석하는 배움의 공간이 된다.

　그런 경험은 미술 전시회에서도 이어졌다. 딸이 내게 다가와 "엄마, 이건 무슨 그림이야?"라고 물었을 때, 나는 정답을 말해 주지 않았다. "네가 보기엔 어떤 것처럼 보여?"라고 되물었다. 그 순간부터 딸은 그림을 자신만의 언어로 해석하기 시작했다. "엄마, 이건 토끼가 기분 좋아서 뛰고 있는 것 같아!" 어떤 해석은 작가의 의도와 놀랍도록 일치했고, 또 어떤 해석은 전혀 새로운 시선으로 작품을 바라보게 했다. 아이와 나누는 질문과 대답은 단순한 설명을 넘어, 아이의 생각을 확장하고 배움의 힘을 키워 주는 시간이 된다. 그리고 아이의 눈으로 세상을 바라보는 일, 그것이 얼마나 신선하고 감동적인지 아이와의 대화 속에서 배워 가고 있다.

질문은 사람에게만 던지는 것이 아니다. 책 또한 중요한 길잡이가 된다. 책장을 넘기는 소리와 함께 내 안의 궁금증도 페이지를 따라 움직인다. 아이의 교육에 대해 고민할 때도, 육아의 난관에 부딪힐 때도 책은 늘 곁에 있었다. 아이를 키우며 마음이 힘들었던 순간마다 책에서 위로받았다. 어떤 유치원을 보낼지 망설이던 시기, 그 나이에 아이들에게 가장 중요한 교육이 무엇인지 고민할 때도 답은 책에 있었다. 전문가의 조언이 순간의 해답이 되었다면, 책은 흔들릴 때마다 나를 붙잡아 주는 버팀목이었다. 밑줄을 그으며 곱씹었던 문장들은 단순한 정보가 아니라 삶을 지탱해 주는 글귀가 되었다. 책은 모든 문제에 즉각적인 답을 주지는 않는다. 그러나 여러 관점을 담은 글들을 다양하게 읽다 보면 생각은 차분히 정리되고, 삶을 바라보는 시야가 넓어진다. 책은 정답을 대신 말해 주진 않았지만, 스스로 길을 찾아갈 힘을 길러주었다. 그것이 책이 내게 준 가장 큰 선물이었다.

과거의 나는 빨리 답을 찾아야지만 마음이 놓였다. 하지만 이제는 인생의 긴 여정 속에서 묻고 성찰하는 과정 자체가 의미 있다는 사실을 알게 되었다. **'묻는 일'은 내면을 비추고 타인과의 관계를 풍요롭게 하며 삶의 방향에 중심을 잡아 준다.** 내 선택이 완벽한 정답이 아닐지라도 끊임없이 질문하고 사유하는 그 과정에서 성장해 왔다. 아이들에게도 그런 태도를 전하고 싶다. 정답을 서둘러 찾기보다, 질문을 통해 더 넓고 깊은 세상을 바라보는 법을 배우길 바란다.

질문은 대상에 관한 관심이자 표현이며 세상과 나를 이어 주는 다리다. 그것은 내가 살아 있음을 증명하는 방식이기도 하다. 나는 이제 단순히 해법을 알려 주는 사람이 아니라, 함께 묻고 생각하며 길을 찾아가는 사람으로 남고 싶다. 그 여정 속에서 내 삶이 조금 더 깊어질 것이라 믿는다.

> **삶이 말이 되는 질문**
> **Q** 당신은 오늘, 누구에게 어떤 질문을 건네고 싶나요?

5
그가 원한 건 무엇이었을까?

이다인

비가 지독하게 오던 날이었다. 뭔가, 잘못되었다. 배가 고팠고, 김밥을 샀다. 딱 한 줄이면 되겠다고 생각했다. 그게 문제였다. 아니다. 불법 주차가 싫어서 공영 주차장까지 가서 정성스레 차를 세운 게 문제였다. 김밥집 앞에 대충 차를 대고 재빨리 사 와야 했다. 김밥집에서 나와 주차장으로 걷는 그 짧은 거리 한 남자가 눈에 들어왔다. 쓰레기통을 뒤지는 허름한 옷차림의 중년 남성. 누가 봐도 노숙자 같았다. '배고프겠지.' 손에는 다행히 갓 산 김밥 한 줄이 들려 있었다. 내 뱃속은 차에 빨리 타서 김밥을 뜯어 달라고 난리였지만, 내 손은 이미 움직이고 있었다. "이거 드세요."라고 말하는 나는 꽤 괜찮은 사람이라고 나 자신에게 칭찬하려던 찰나였다. 쓰레기통에 박혔던 얼굴이 들렸다. 그의 눈빛이 바뀌었다.

"내가 그거 달라고 했어?!"

그는 고래고래 소리를 질렀다. 허름한 셔츠를 입은 구겨진 몸뚱이를 일으키자, 그의 모습이 8척 귀신처럼 느껴졌다. 사람들의 시선이 나를 향했다. 김밥은 돌덩이처럼 무겁게 느껴졌다. 나는 말도 잃고, 표정도 잃었다. 당황한 채 차에 돌아와 김밥을 툭 내려놓았다. 그 김밥은 결국, 상할 때까지 그대로 있었다. 정말 기억하기도 싫은 최악의 하루였다.

그런데 나를 진짜 불편하게 했던 건 그의 분노 때문이 아니었다. 그 눈빛이 낯설지 않았기 때문이었다. 사실 나도 그런 시선을 받은 적 있다. 박사 과정 진학을 위해 한 대학원에 인사 조직 전공 교수님을 만나러 갔을 때였다. 나는 두 교수 앞에 풀이 죽은 채 앉아 있었다. 그들은 외국 석사, 대기업 인사팀 출신 제자들을 뽐냈고, 우린 이렇게 공부한다며 두꺼운 영어 자료를 펼쳐 보였다. 그리고 내게 말했다.

"간호사였다가 데이터를요? 아…, 흥미롭네요."

짧은 정적에 이어,
"그 나이에 새로운 걸 시작하는 건 좀 무리일 수도 있어요. 그냥 보건 계통 공부는 어때요?"

겉으로는 걱정처럼 들렸지만, 그 속엔 이미 확신에 찬 한계가 담겨 있었다. 순간 움찔했다. '나를 알기 전에 정리해 버렸구나!', '이력서 몇 줄로 나를 다 안다고 믿는구나!' 나는 종종 사람들이 누군가를 정의하는 속도를 보고 놀란다. 질문은 없고 반응만 있다. 그 앞에서 나의 이야기가 몇 단어의 문구로 추려진 느낌이 들었다. 비전공자라는 이유로 걱정하던 시선에도 나는 멈추지 않았다. 지금 나는 데이터 분석 박사 과정을 순항 중이다. 사람을 데이터로 분석(피플 애널리틱스, People Analytics)하는 연구를 하며, 박사 첫 논문으로 학술대회 최우수상을 받았다. 그다음 해에는 데이터 분석 책을 집필했다. 지금도 두 번째 데이터 분석 책을 집필 중이다. 빠르지는 않지만, 나만의 길을 분명히 걸어오고 있다. 그러니 그들의 판단은 내가 원한 것이 아니었다. 내가 바라던 건 평가가 아니라, 질문 한 줄. 그리고 지지의 말 한마디였다.

그런 경험은 또 있다. 군 전역 이후 나는 전혀 새로운 길을 걷기 시작했다. 안정된 직함도, 확실한 수입도 없었지만, 나는 스스로 '프리랜서 강사'라는 이름을 붙이며 버텼다. 강의를 해 보겠다고 분주히 움직이던 첫해, 하루 일당 5만 원짜리 보조 강사 자리라도 전국을 다니며 꿋꿋이 버티던 때가 있었다. 어디 가서 일한다고 말하기도 민망하던 시절이었다. 그 무렵 한 강사 모임에서 운영진을 맡아 나를 소개해야 했다. 누군가가 어떤 분야의 강의를 하는지 물었다. 그 순간 머리가 하얘졌다. '무슨 강의를 한다고 소개해야 하지?' 내가 답을 찾지 못해 더듬거리는 사이, 주변 사람들이 아예 나를 소개하지 않는다는 걸 느꼈다. 겉으로 웃고 있지만 속으론 '이 사람 뭐지?' 하며 나를 바라보던 사람들의 눈빛을 느꼈다. 그런 순간들을 지나 지금은 6년째 작은 교육 사업을 운영 중이다. 속도는 느리지만, 분명한 방향으로 성장하고 있다.

이런 경험이 나에게만 있을 리가 없다. 경력 단절 여성들을 코칭 하며 나는 늘 감탄한다.

"저는… 그냥 애들 키우던 엄마예요."

지영 씨를 처음 만난 날, 자기소개 시간에 그녀는 고개를 숙이고 이렇게 말했다. 그녀는 눈을 마주치지 못했다. 결혼 후 10년 동안 전업주부로 살았다고 했다. 아이가 초등학교 고학년이 되면서 시간을 조금 갖게 되었을 때, 용기를 내어 커리어 코칭 프로그램에 참여했다.
"내가 회사에 다시 갈 수 있을까?"
라며 두려움을 표현했다. 알아 갈수록 놀라운 건 과거 그녀가 대기업에서 마케팅 기획을 했다는 것이다. 심지어 아이 학교 운영위원회에서 예산을 관리하고, 행사 기획을 도맡아 했던 기록도 있었다. 그 흩어진 경험들이 퍼즐처럼 맞춰지며, 그녀의 커리어는 다시 새로운 선을 그려가기 시작했다. 지영 씨 같은 분은 단순히 경력 단절된 여성이 아니라 기획자, 운영자, 관리자의 역량을 가진 인재였다. 그러니 교육, 행정 지원, 크게는 마케팅이나 커뮤니티 운영에서 분명 역량을 발휘할 수 있을 것이라 믿었고, 그렇게 조언을 해 주었다. 나는 '경단녀'라는 말이 늘 아쉽다. 그 단어는 그들의 삶을 단순하게 잘라 버린다. 내가 만난 사람들은 '경단녀'라 부르기엔 너무 멋지고 알찬 이력을 가진 사람들이 많았다. 그러나 단지 '육아'를 했다는 이유로, 단지 '잠깐 쉰 적이 있다.'는 이유로, 그들의 경력은 쉼표가 아니라 마침표처럼 읽힌다. 그러나 나는 안다. 그 쉼표 사이에는 기획과 전략, 사람들과의 조율, 그리고 버팀과 회복이 있었다는 것을.

나는 종종 그날들을 떠올린다. 박사 과정을 준비하며 교수 앞에서 요약문처럼 축소되던 나, 프리랜서 초창기에 자기소개조차 제대로 하지 못해 사람들 속에서 존재감이 지워지던 나, 그리고 경력 단절 뒤 스스로 '그냥 애들 키우던 엄마'라 소개하던 지영 씨의 모습. 그렇다면 우리에게 필요한 건 어떤 질문일까?

"당신은 어떤 사람인가요?"
"무엇을 해 왔나요?"
"앞으로 무엇을 하고 싶나요?"

이 단순한 물음 속에서 사람은 다시 자신의 이야기를 꺼내고, 퍼즐처럼 흩어진 경험을 이어 새로운 길을 만든다. **'묻지 않는 말'은 늘 폭력의 형식을 취하고 있다.** 상대가 들고 있는 게 질문이 아니라 확신일 때, 우리는 관계가 아니라 판단을 마주한다. 생각해 보면 노숙자가 내게 했던 그 말, "내가 그거 달라고 했어?"라는 말과 그의 눈빛엔 분노와 수치심이 있었고, 그리고 어쩌면, 아주 단단한 자존심도 있을지 모른다. 그 노숙자를 만난 최악의 날, 나는 깨달았다. 내가 건넨 건 친절이 아니라 질문 없이 내려진 판단이었다. 그리고 그 판단들은 거울처럼 서로를 비추고 있었다.

> 삶이 말이 되는 질문
> **Q** 당신이 진정 하고 싶은 일은 무엇인가요?

6
오빠, 오늘은 어때?

이순영

 질문의 힘은 실로 대단하다. 질문을 통해 지식을 얻고, 사고를 확장하며, 관계의 문을 열고 가능성의 지평을 넓힌다. 새로운 배움을 원한다면 의문을 품어야 하고, 사람의 마음을 얻고 싶다면 그가 무엇을 좋아하는지 물어야 한다. 일을 잘하고 싶으면 일 잘하는 사람에게 물어야 한다. 결국, 질문은 관심과 호기심에서 비롯되고, 용기 내어 질문해야 원하는 것을 얻을 수 있다.

 나는 질문이 낯설다. 세상에 대한 호기심이 부족해서인지, 궁금증이 생기지 않는다. 사람을 만나도 그쪽에서 말해 주는 정보 외에 궁금증이 잘 생기지 않는다. 반면, 유난히 질문을 즐기고 잘하는 사람들이 있다. 그들은 회의나 강의에서 핵심을 꿰뚫고 감탄을 자아내는 질문을 던진다. 누구와도 끊임없이 물으며 편안하게 깊은 대화를 나눌 줄 안다. 최근 인연을 맺은 동갑내기 중에도 놀랍도록 질문에 능한 친구가 있다. 그는 사람에 대한 호기심과 배려가 남다르며, 상대의 생각, 욕구, 감정, 의도를 자연스럽게 묻는다. 때로는 핵심을 찌르는 물음으로 상대를 당황하게 할 때도 있지만, 주로 사람들의 생각을 자극한다. 난 그 친구의 호기심과 질문력이 부럽다.

  반면, 나는 질문하는 것도, 질문받는 것도 어색하다. 대부분의 우리나라 사람처럼 나도 질문하는 법을 배우지 못했다. 학교는 정답을 말하는 법만 가르쳤지, 묻는 방법을 가르쳐 주지 않았다. 나는 질문하면 아는 척하는 것처럼 보일까, 질문이 부족하면 무지가 들통날까 두려워 침묵했다. 사적인 질문은 불편감을 주고, 괜한 질문으로 귀찮게 할까 봐 질문을 참기도 했다. 때로는 상황을 악화시킬까 봐 질문을 피했다. 결국 질문 대신 침묵을 선택했다.

  퇴직을 앞두고 우연히 듣게 된 코칭 강의는 내 삶의 방향을 바꿔놓았다. 코칭 철학과 방법에 매료되어 공부를 이어 갔고, 질문은 단순한 의문이 아닌 새로운 세계와 가능성을 여는 열쇠라는 사실을 알게 되었다. 질문은 지식이 아니라 통찰로 이르는 문이다. 코칭을 하면서 내가 얼마나 질문에 서툰지 알게 되었다. 섣부른 판단이 앞서고, 상황과 맥락에 맞는 적절한 질문이 떠오르지 않아 막막한 순간이 많았다. 질문에도 훈련이 필요함을 절실히 깨달았다. 관계를 넓히고 원하는 삶에 대한 답을 찾아가기 위해 질문 훈련을 시작했다. 그래서 일상에서 나 자신과 사람들에게 묻는다.

"지금 어떤 마음인가요?"
"그 마음은 어디에서 왔을까요?"
"진짜 원하는 것은 무엇인가요?"
"그것을 원하는 진짜 이유는 무엇인가요?"
"지금보다 나아지려면 무엇이 필요할까요?"

이 질문들은 나를 멈추게 하고, 침묵하게 하며, 경청하게 한다. 그리고 조금 더 깊숙이, 용기 있게 다가서게 만든다.

지난해, 오빠가 대장암 3기 판정을 받았다. 오빠는 수술과 재수술로 고생을 많이 했다. 얼마 전 전이 여부를 확인하기 위해 오빠와 병원을 방문했다. 의료 현장에서 환자들이 겪는 소통의 어려움을 알기에 중요한 진료가 있는 날이면 꼭 오빠와 동행한다. 34년 차 간호사로서 의학적으로나 정서적으로 오빠를 옹호할 수 있다는 자신감으로 자처한 일이다.

그날은 특히 마음을 단단히 먹었다. 넓지 않은 진료실에서 두 손을 모아 쥐고 숨죽인 채 의사의 입만 바라봤다. 의사는 컴퓨터 화면에서 이것저것 확인하더니 망설임 없이 "폐와 뼈로 전이됐습니다."라고 말했다. 그 말에 심장이 철렁 내려앉았다. 오빠에게 심장 내려앉은 걸 들킬까 봐

괜한 침만 삼켜 댔다. 무더운 7월 말에 갑자기 한기가 느껴졌다. 이런 상황에 대비해 담담하게 오빠를 대변하겠다고 수없이 다짐하고 연습했는데 머리가 하얘졌다. 내 머릿속에선 암울한 의학 정보들이 무자비하게 맴돌고 있었다. 충격에 아무 말도 하지 못했다.

그래도 말없이 고개를 떨구고 있는 오빠를 대신해 의사에게 물었다. "이제 어떻게 해야 할까요?" 의사는 당연하다는 듯이 항암 치료를 해야 한다고 했다. 다시 오빠가 궁금해할 질문을 했다. "항암 치료는 얼마나 해야 하나요?" 의사는 암세포가 사라질 때까지 반복해야 한다고 설명했다. 오빠의 컨디션이 걱정되어 다시 물었다. "체중이 50kg도 안 되는데 항암 치료가 가능한가요?" 의사는 충분히 가능하다며 당장 입원해서 항암 포트 삽입하고 치료를 시작하자고 했다. 완치율이나 항암 부작용에 대해선 굳이 묻지 않았다. 오빠와 나는 말없이 눈빛을 주고받으며 의사의 제안에 따르기로 했다. 집에 돌아가 입원 준비를 해서 다시 오기로 했다.

병원에서 돌아오는 길, 차 안 공기는 숨쉬기조차 힘들 정도로 무거웠다. 그 무게에 압도되어 우린 입을 열지 못했다. 나는 머릿속으로 열심히 대화를 시작할 위로의 말을 찾았다. 아무 말도 하지 못했다. 어떤 말로도 위로가 되지 못할 것 같았다.

한참 시간이 흘렀다. 뭐라도 해야 한다는 조바심으로 조심스럽게 말을 꺼냈다. "오빠, 괜찮아?" 오빠는 "그냥 그렇지 뭐."라고 대답했다. 이럴 땐 말수 적고 속내를 내보이는 법 없으셨던 아버지랑 똑같다. 다시 침묵이 흘렀다. 그 정적을 견디며 난 바삐 다음 말을 찾았다. 오빠가 분노든 슬픔이든 절망감이든 자신의 감정을 말로 풀어낼 수 있는 시간을 주고 싶었다. 이 또한 조급함이었는지 모르겠다. 오랜 정적을 깨고, 나는 "이제 어떻게 하면 좋을까?"라고 물었다. "어떻게 하긴. 그냥 항암 시작해야지. 나랑 같은 시기에 수술받은 사람들, 항암 치료 받다가 다 세상을…."이라며 말을 끝맺지 못했다. 오빠는 애써 담담해 보이려 했지만, 말끝이 목에 걸린 듯 한숨만 내쉬었다. 오빠는 이것이 무엇을 의미하는지 알고 있었을 것이다.

난 오빠의 얼굴을 쳐다볼 용기가 없어 전방만 주시한 채 운전대를 꽉 잡으며 물었다. "그래? 사람마다 치료 반응은 다르니까. 오빠는 앞으로 어떻게 하고 싶어?" 오빠는 한참 있다가 차분한 목소리로 말했다. "일단 항암 치료 받아 보고, 몸이 더 이상 안 되겠다 싶으면 다시 결심해야 하겠지." 그동안 말을 하지 않았으나 오빠는 이 시나리오를 수없이 되뇌었을 것이다. 힘들게 건넨 질문으로 시작된 대화는 집에 도착할 때까지 이어졌다. 그간의 치료 과정, 젊은 시절 추억, 앞으로 처리할 일들에 관해 이야기를 나눴다. 다행히 우린 다음 대화를 시작할 수 있는 문을 열어 두었다.

나는 매일 오빠에게 안부 전화를 한다. "오빠, 오늘은 어때?"

나는 감당하기 힘든 상황이나 문제를 만나면 두려워 질문을 피하곤 했다. 그러나 이제 안다. 질문은 침묵을 깨는 용기이며, 통찰을 시작하는 열쇠라는 걸.

질문 하나에 멈칫하는 바로 그 순간, 내면의 문이 열린다.

그래서 오늘도 오빠를 위해 질문들을 준비해 둔다.

"이 순간, 자신을 버티게 하는 것은 무엇인가요?"

"컨디션이 좋아지면, 꼭 해 보고 싶은 것은 무엇인가요?"

"지금 꼭 지키고 싶은 '나다움'은 무엇인가요?"

"삶이 남긴 가장 큰 선물은 무엇인가요?"

"지금까지 살면서 가장 빛났던 순간은 언제였나요?"

"사람들에게 어떤 사람으로 기억되고 싶은가요?"

삶이 말이 되는 질문

Q 당신의 발길을 멈추게 한 질문, 당신을 멈칫하게 한 질문은 무엇인가요?

7

질문이 바뀌면 삶도 달라질까?

장정현

"어떤 선택이 옳을까?"

늘 그 질문을 품고 살았다.

점심 메뉴 하나 고르는 순간에도 '뭘 먹어야 잘 골랐다고 소문날까?' 하며 고민했다. 나의 만족에서 그치지 않고 남의 시선과 평가까지 의식했다. 크든 작든 모든 선택에 지나칠 만큼 심각하게 붙잡으며 스스로 지치게 했다. 사소한 결정조차 미루며 시도도 하지 못한 채 후회만 쌓여갔다. '게으른 완벽주의자'라는 신조어가 내 부족함을 그럴듯하게 포장하기에 딱 들어맞았다. 하지만 게으른 완벽함이란 어불성설이었다. 함께 쓸 수 없는 모순된 조합인 걸 이미 잘 알고 있다. 자기변명을 위한 억지 주장일 뿐.

재미 삼아 해 보는 성격 검사들은 늘 나를 '탐험가'라고 분류했다. 처음엔 맞지 않는다고 생각했다. 그런데 곰곰 생각해 보니 어릴 때부터 나는 확실히 탐험가 기질이 있었다. 호기심 많고 머리로 생각하기보다 직접 부딪혀 봐야 직성이 풀렸다. 하지만 정작 중요한 순간에는 모험보다 안전을 택했다. 학창 시절에는 하고 싶은 일보다 해야 하는 일을 선택했다. '모범적이고 공부 잘하는 학생이 돼라.'라는 부모님과 선생님의 기대에 맞추려 했다. 인정받고 싶은 마음이 컸다. 결과적으로 인정받고 성취감은 얻었지만 늘 뭔가 빠진 듯 허전했다. 내 성향대로 살기보다 정해진 기준에 맞추어 살다 보니 마치 몸에 맞지 않는 옷을 입은 느낌이었다. 불만이 쌓이고 자신감은 줄어들었다. 남을 탓하다 결국 내 탓으로 돌렸고 타인의 시선에 매여 후회와 자책을 되풀이했다. 무엇을 원하는지 고민조차 하지 않고 정해 주는 대로 남들 하는 만큼 하고 있었다.

간호장교 시절에도, 출산 후 휴직을 선택할 때도, 어렵게 얻은 직장을 그만두고 학교로 옮길 때도 나는 똑같은 질문을 했다. '이게 맞는 걸까?' 정해진 답이 없는 질문인데 없는 정답만을 찾아 헤맸다. 나를 찾고 내 이야기를 써 나가야 하는데 내 목소리를 쉽게 내지 못했다. 미리 정해 둔 목표지점에 도착했다 하더라도 정작 행복하기만 한 것은 아니었다. 뭔가 핵심이 빠져 있는 듯한 공허함. 내가 정했다고 생각한 목표는 나의 바람이기보다 타인을 염두에 둔 인정을 바라는 욕심에 가까웠기 때문이었다.

남편이 갑자기 떠난 뒤 질문은 더 무거워졌다.

'그날 내가 조금만 더 빨리 알아챘더라면 어땠을까?'
'우리가 결혼하지 않았더라면 각자 잘 살고 있을까?'
'아이를 일찍 낳았다면 지금과 달랐을까?'

답 없는 질문들이지만 오랫동안 그 질문 속에 갇혀 살았다. 밤마다 '만약에'라는 단어에 짓눌려 숨이 막힐 듯 답답했다. 탈출구를 찾고 싶은 마음이 간절했다.

하루하루를 힘들게 버티던 어느 날, 우연히 보게 된 영상 속 문장이 나를 멈춰 세웠다.

'어떤 선택이 옳은지 묻는 대신, 어떤 선택을 해도 옳게 만들려면 나는 무엇을, 어떻게 할까를 묻자.'

관점을 바꿨더니 마음이 한결 편해졌다. 숨통이 트이고 한 발짝 더 나아갈 힘이 생겼다. 시작부터 가로막던 질문을 걷어 내니 지금 해야 할 일을 그냥 할 수 있었다. 아들과 함께 보내는 시간을 더 소중히 여기게 되었다. 과거에 대한 아쉬움과 미래를 꿈꾸는 계획도 결국 현재의 삶에서 비롯된다. 과거에 그토록 바랐던 미래가 남편에게는 허락되지 않은, 바로 오늘이었다. 남편 몫까지 다 해내겠다는 가장의 무게도 내려놓고 나는 그저 지금 할 수 있는 일을 하기 시작했다. 할 수 없는 일은 과감히 포기하고 미련을 두지 않았다. 조건이 변화되어 할 수 있는 여건이 마련되고 의지가 생긴다면 그때가 바로 기회니까.

온라인 커뮤니티 활동에도 적극적으로 참여했다. 함께 공부하고 성장하는 사람들과의 만남은 혼자 끙끙 앓던 나에게 새로운 활력을 불어넣어 주었다. 디자인이라는 완전히 새로운 분야에 도전해 보기도 했다. 미술에 소질이 없다고 생각했던 내가 캔바로 카드뉴스를 만들고 브랜딩에 대해 배우며 자신감을 키워갔다. 인스타그램 같은 새로운 SNS도 더 이상 두렵지 않았다. 모르는 내용을 접할 때마다 포기하지 않고 어떻게 하면 배울 수 있을지를 먼저 생각하게 되었다. 매일 새벽 라이브 방송을 보며 디지털 기기 사용법을 차근차근 배워나갔다. 완벽하게 해내지 못할 바에야 아예 시작하지 않겠다던 예전의 나와 달리, 서툴러도 일단 해 보는 용기가 생겼다.

'이게 맞는 선택일까?'에서 '이 선택을 어떻게 의미 있게 만들까?'로 질문을 바꾸자, 삶을 대하는 태도 자체가 달라졌다. 힘든 상황이 생겨도 '어떻게 나한테 이런 일이 생기지?' 하고 비관하기보다 '이 상황에서 내가 할 수 있는 일은 무엇일까?'라는 생각을 먼저 하게 되었다. 누구에게나 어려움은 생길 수 있다. 회피할 수 없다면 그 안에서 내가 할 수 있는 일을 묵묵히 해 나가는 게 가장 현명한 선택이라는 걸 알게 되었다.

예전에는 잘 산다는 건 곧 경제적 풍요로움이라 여겼다. 지금은 가장 나답게 사는 삶을 추구하고 자신의 감정을 솔직하게 알아차리며 건강하게 표현하는 삶에 더 가치를 둔다. 타인과의 관계에서 갈등이 생겼을 때 어떻게 해석하고 해결하느냐가 진짜 삶의 실력이라는 생각이 든다. 타인과 비교하지 않고 어제의 나와 오늘의 나를 비교하며 하루만큼 성장한 모습을 확인하는 기쁨을 누리게 되었다. 그게 내가 생각하는 잘 사는 삶이다.

돌이켜보면 삶은 늘 질문의 연속이었다. 어떤 길이 정답인지는 몰라도 그 길 위에서 어떤 사람으로 살아갈지는 내가 선택할 수 있었다. 낯선 도시에서 길을 잃었을 때조차 오히려 새로운 길로 통하는 기회와 만나기도 했다. 의도치 않게 내 선택과 조금 다르게 흘러가더라도 괜찮다. 거리 공연 무대에서 들려오던 음악에 넋을 놓고 서 있던 순간이나 여행길에서 우연히 발견한 카페에서 바라본 석양은 계획에 없던 여정이었지만 오히려 더 아름다운 추억으로 남게 되었다. 인생의 변수는 삶을 더 흥미진진하게 만들고 뜻밖의 선물이 되기도 한다.

이제는 선택 앞에서 머뭇거리거나 도망치지 않으려 한다. 고민은 시작만 늦출 뿐 아무것도 하지 않으면 아무 일도 일어나지 않는다. 결과에 연연해하지 않고 내 인생에 의미 있는 도전이 되는 선택을 하고 싶다. 주어진 길 중에 선택하는 데 그치지 않고 없는 길을 새로 만들어 갈 용기도 내본다.

사랑했던 사람, 떠나보낸 사람, 그리고 지금 내 곁에 있는 사람들. 그들과의 관계 속에서 내린 선택이 비록 완벽하진 않더라도, 그 안에서 의미를 찾으려 한다. 잘한 선택과 잘못한 선택은 애초에 정해져 있는 게 아니라 선택 이후에 내가 만들어 가기 나름이다.

주변 환경이나 함께하는 사람들에 따라 내 선택은 바뀐다. 나 역시 변화하고 세상도 계속 달라진다. 질문이 바뀌면 선택도 달라지고 삶도 바뀐다.

> 삶이 말이 되는 질문
>
> Q 후회했던 선택이 훗날 잘한 결정이었다고 생각을 바꾸게 된 일이 있나요?

3장

만나다

: 소중한 인연들

나는 여전히 면접장에서 존경하는 인물에 관해 묻는다. 그리고 지원자가 어떤 사람을 만났는지, 그들 멘토의 말에 어떻게 귀 기울이는지 확인하려고 한다. 이 글을 읽고 있는 당신도 어른이 되어 존경하는 어른을 만나보길 간절히 바란다. 그리고 언젠가는, 누군가에게 그런 어른으로 기억되길 소망한다.

1

골프에서 인생을 만나다

나정순

"얘를 만났는데 골프로 이야기를 시작해서 골프로 끝나는 거야. 깜짝 놀랐잖아."

동료 넷이 모였을 때 상관으로 모셨던 선배가 웃으며 말했다.

"골프는 눈앞에 목표가 있으니까 좋아요."

나는 변명하듯 대답했다. 골프는 클럽별로 보내고 싶은 거리가 있다. 집중하지 않으면 스윙을 제대로 할 수 없다. 샷을 할 때 옆에서 흥미로운 이야기를 하면 주의가 흐려져 정확한 스윙이 되지 않는다. 골프를 하면 지루할 틈이 없다. 마음이 울적한 사람에게도 골프를 권하고 싶다. 일상에서 보는 자연도 좋지만, 골프장에서 마주하는 풍경은 훨씬 특별하다. 골프가 좋은 이유는 GOLF(Gorgeous nature, Overcoming challenge, Learning life, Friendship)라는 네 글자에 담겨 있다. 위대한 자연을 만나고 위기를 극복하는 법을 배우며 삶의 지혜를 익히고 소중한 친구까지 만날 수 있기 때문이다.

"거 봐, 지금도 계속 골프 이야기만 하고 있잖아. 하하하."
아! 또 길게 말하고 있었다.

3년 전 골프를 시작했다. 직위가 바뀌면서 새로 만난 동료들은 모두 주말 골퍼였다. 운동 감각이 있는 나는 골프를 배우면 그들보다 더 잘할 자신이 있었다. 퇴근 후 골프 연습장을 방문해 강습을 신청했다. 골프는 시간과 돈이 많이 드는 부담스러운 취미라고 생각했지만, 골프 클럽으로 공을 치는 순간 몸에 부드러운 충격이 전해지며 기분이 좋아졌다. 7번 클럽으로 120미터쯤 보내고 싶다는 구체적인 목표가 생겼다. 혼자 연습해서 100미터 가까이 보내며 자신감이 생겼다. 다음 강습에서 프로는 내 스윙이 잘못되었다며 방법을 다시 알려 주었다. 배운 방법으로 샷을 하니 공이 제대로 맞지 않았다. 골프는 상상과 달리 쉬운 운동이 아니었다.
 골프를 시작한 지 5개월쯤 지났을 때, 선배들과 첫 라운드를 함께했다. 어떤 우등생이라도 첫 라운드에서는 어리바리할 수밖에 없다고 프로가 알려 주었다. 부족한 모습을 보여 주기 싫어하는 나였지만, 짧은 기간에 골프를 잘할 수는 없었다. 드라이버로 친 공은 바로 앞에 떨어지거나 숲속으로 날아갔고, 공을 여러 개 잃어버렸다. 동반자들은 어디로 튈지 모르는 내 공에 맞을까 봐 긴장한 채 스윙을 지켜봤다. 하지만 첫 라운드치고 그날 기억은 모두 좋았다. "잘했어. 지금 너무 잘했어."라는 말을 첫 라운드 내내 50번쯤 들었기 때문이다. 어른이 된 후 이렇게 많은 격려는 처음이었다. "더 천천히. 공을 끝까지 봐. 잘하고 있어."라는 선배의 조언이 감사했다. 긴장하지 말고 자신에게 집중하라는 의미였다. 연습하면 골프를 잘할 수 있겠다는 생각이 들었다.

두 번째 라운드는 12월 눈 내린 날에 있었다. 새벽 빙판길을 운전하며 잔뜩 긴장했다. 눈 쌓인 골프장은 예상보다 훨씬 추웠다. 첫 드라이버 샷은 헛스윙이다. 민망하여 식은땀이 났다. 멀리건(아마추어에게 벌타 없이 다시 칠 수 있는 기회)을 받았지만, 두 번째도 헛스윙이었다. 세 번째는 공 윗부분만 건드려 바로 앞에 떨어졌다. 얼굴이 화끈거리고 부끄러워 핫팩도 잊고 손으로 공을 들어 이동했다. 이런 상황에서도 '잘한다'는 선배의 격려 덕분에 골프를 포기할 생각을 한 번도 해 본 적 없다. 오히려 3년 안에 아마추어 대회에 나가보겠다는 야심 찬 목표까지 세웠다.

필드에서 당혹스러웠던 경험은 한파에도 골프 연습장으로 가게 했다. 가족들의 만류를 뒤로하고 체감 온도가 영하 22도인 날씨에도 야외 연습장에 갔다. 강추위라 연습장에 아무도 없었다. 롱 패딩과 목도리, 부츠로 무장하고 전기난로를 켰다. "어리석은 짓이야. 이런 날은 골프하면 안 돼." 가족과 주변 친구들의 목소리가 귀에 들리는 듯하여 음악을 들었다.

짧은 클럽으로 어프로치를 연습했다. 10미터 20개, 30미터 20개, 40미터 20개를 반복하고 퍼팅 50개를 연습했다. 공이 클럽에 맞는 감각을 몸에 더 익히고 싶었지만, 손과 발이 동상에 걸릴 지경이었다. 골프 클럽을 닦기 위해 물을 뿌렸더니 바로 얼음이 맺혔다. 강추위 속에도 샷을 잘했던 5년 차 구력의 후배에게 골프 비결을 물었다. 골프 시작 후 첫 1년 동안 매일 연습장에 가서 1시간 이상씩 연습했단다. 5년 후 그녀를 따라잡겠다고 말했다.

 첫 라운드를 함께한 세 분 선배와는 가장 친한 친구가 됐다. 시간이 날 때마다 골프 라운드를 한다. 클래식 음악회도 가고 맛있는 음식을 함께 먹기 위해 모인다. 기쁜 일을 공유하고 어려운 문제를 해결해 나가는 서로의 방식을 배운다. 우리는 해외에도 놀러 갔다. 외국의 낯선 사람들과도 쉽게 말을 거는 외향적인 선배들을 보니 더 새로웠다. 일정에 없던 야시장을 구경하거나 근사한 호텔에서 식사하자는 창의적인 제안에 신났다. 수영장은 절대 안 들어간다던 선배는 누구보다 즐겁게 수영했다. 필드에서 다양한 사람들을 만날 때마다 골프 배우기를 잘했다는 생각이 든다. 존경하던 선배를 몇 년 만에 골프장에서 만나 안부를 주고받으며 푸른 잔디를 함께 걷는 풍경을 상상해 보라. 우리는 이제 수직적인 관계가 아니라 동반자이다. 긴장하지 않고 자신을 드러낼 수 있다.
 골프 라운드를 하며 동반자들의 다양한 스타일을 관찰한다. 다른 사람 공을 끝까지 봐주고 공이 사라졌을 때 풀 속까지 들어가 찾아 주는 동반자를 가장 좋아한다. 골프를 잘하니 가능한 일이지만 그보다는 타인을 배려하는 일상의 모습이 필드에서도 보인다. 골프복을 잘 입는 친구를 만날 때면 나도 기분이 좋다. 라운드할 때마다 새로운 스타일의 패션을 연출하는 감각에 감탄한다. 드라이버 샷을 잘하는 선배가 클럽을 휘두르는 순간 공은 시원하게 푸른 하늘을 가르며 뻗어 나간다. 그 궤적을 바라보는 내 가슴도 탁 트이는 듯해 절로 박수가 터져 나온다. 나도 드라이버 샷으로 200미터 이상 보내고 싶다. 어프로치 샷이나 퍼팅을 잘하는 동반자를 만나면 "어떻게 하는 거예요. 비결 좀 알려 주세요."라며 친근하게 다가간다. 카트를 타는 대신 페어웨이에서 걷기를 좋아하는 동반자를 만나면 나도 그의 곁을 따라 걸으며 대화한다. 골프장에서 만나는 사계절 풍경은 언제나 좋다. 새벽 골프장의 이슬 맺힌 페어웨이와 저녁 하늘의 황금빛 풍경은 골프 코스에서 누릴 수 있는 가장 아름다운 장면이다.

함께하는 사람들의 매력만큼 골프 자체가 주는 즐거움도 크다. 골프는 각자 자신의 공을 치는 스포츠다. 식당에서 두세 시간 내내 앉아 대화하는 경우와는 다르다. 카트를 타고 함께 이동하기도 하지만 자신의 공이 있는 곳으로 혼자 걸어가기도 한다. '따로 또 같이'라는 개념이 이만큼 자연스러운 스포츠가 또 있을까. 나이도 직업도 성격도 다른 사람들이지만 넓은 골프 코스를 지나 그린 위 홀에 공을 떨어뜨린다는 같은 목표를 향해 각자의 공을 보내며 자연스럽게 어울린다.

나는 골프 연습 자체를 좋아한다. 연습장에서는 공을 많이 치기보다는 정확한 샷을 하는지 집중한다. 여자 골퍼 리디아 고와 넬리 코다의 스윙 리듬을 따라 해 보기도 한다. 임팩트 순간의 손 감각, 클럽 헤드와 공이 맞닿는 위치, 몸의 균형 같은 세세한 차이를 점검하며 반복하다 보면 실력은 점차 향상된다. 골퍼 보비 존스는 "골프는 두 귀 사이 5인치 길이 코스에서 벌어지는 게임이다."라고 말하며 두뇌 사용이 얼마나 중요한지 표현했다. 신체 상태나 마음에 따라 골프공의 궤적이 미묘하게 달라지고, 그 결과 공의 위치는 천차만별이다. 몸의 유연성과 균형감 속에서 공이 클럽 헤드 중앙에 맞으면 미사일처럼 쭉 뻗어 나간다. 그 순간, 골프가 왜 즐거운지 온전히 깨닫는다.

골프는 인생과 닮았다. 샷을 제대로 하려면 오랫동안 배워야 한다. 어제는 샷이 잘 되었는데 오늘은 안 되기도 한다. 욕심내서 멀리 보내려 하면 경계를 넘어가 오히려 타수를 잃게 된다. 연습을 충분히 해도 생각처럼 잘되지 않는다. 레슨비도 비싸다. 장거리 운전을 감수하고 필드에 나가야 실력이 향상된다. 공이 오르막이나 내리막에 있거나, 깊은 러프나 벙커에 빠졌을 때 어떤 태도로 대하고 극복하는지는 각자 다르다. 골프는 한 샷 한 샷 정성껏 치되 결과를 받아들여야 한다. 그 과정에서 자기만의 리듬을 알게 되고 점차 부드러운 샷을 하게 된다. 골프는 정확한 목표가 있다. 목표에 가까이 가는 느낌은 무엇과도 바꿀 수 없는 기쁨을 준다. 잘하기 위해 연습하느라 인생에 지루할 틈이 없다. 인생을 재미있게 살고 싶은 사람은 골프처럼 쟁취하기 어려운 취미 하나를 배우길 추천한다.

> **삶이 말이 되는 질문**
> **Q** 당신이 꾸준히 연습하고 싶은 삶의 기술은 무엇인가요?

2

배움길에서 사람을 만나다

방연주

"낮번을 하면 건강을, 초번을 하면 인간관계를, 밤번을 하면 피부를 해친다."

누군가는 웃으며 스쳐 지나갈 수 있는 이 말이, 사관학교를 졸업하고 국군수도병원에서 교대 근무를 시작한 내게는 현실이었다. 중환자실에 배치된 후, 단 하루도 쉬운 날이 없었다. 인수인계 전에 장비와 물품을 빠짐없이 점검해야 해서 병동에서 일하는 동기들보다 출근 시간이 빨랐다. 무의식 환자의 침상 목욕을 마치기 무섭게, 약속이라도 한 듯 담당 군의관의 회진이 시작됐다. 다발성 손상이나 화상 환자의 드레싱까지 마치고 나면, 어느새 한 시간이 훌쩍 지나 있었다. 돌림노래처럼 울려대는 인공호흡기를 비롯한 각종 기계의 경보음은 환자의 생명과 직결되었기에 촉각을 곤두세워 일했다. 퇴근 무렵이면 온몸이 녹초가 되었다. 긴장과 함께 쌓인 피로를 못 이겨 옷도 갈아입지 못한 채 잠든 날도 많았다. 초번 근무는 자정 가까워서야 퇴근하니 새벽녘에 잠들어 늦잠을 자는 불규칙한 생활이 반복되었다. 밤번 근무는 특히 혹독했다. 새벽 4~5시가 되면 손가락 하나 움직이기조차 버거워하는 나와는 달리 선배들은 긴 밤을 새우고도 거뜬해 보였다. 선배들은 환자에게는 따뜻했고, 후배의 실수에는 단호했다. 건강도, 인간관계도, 피부도 절대 놓치지 않는 선배들이 존경스러우면서도 무서웠다.

4년 동안 열심히 배웠다고 생각했지만, 임관 후 마주한 현실은 낯설었다. 교과서로 배운 지식과 몸으로 부딪쳐 익히는 현장은 확연히 달랐다. 근무 첫날, 욕창 예방을 위해 두 시간마다 체위 변경을 해야 하는 환자를 앞에 두고 의무병과 마주 섰던 장면이 아직도 생생하게 떠오른다. 생명 유지 장치로 둘러싸인 환자를 옆으로 눕히는 것조차 익숙하지 않아, 의무병 도움을 받아 간신히 해냈다. 부끄러웠다. 응급 상황에 대비하느라 중환자실 안에서 24시간 대기하며 훈련된 의무병들 앞에서, 나는 초보였다. 그들 앞에 떳떳한 간호장교가 되고 싶었지만, 현실은 만만치 않았다. 선배들은 환자의 갑작스러운 심정지 상황에서도 침착하게 대응하고, 군의관에게 명료하게 환자 상태를 전달했다. 반면 나는, 인수인계조차 버겁고 진땀이 났다. 새로운 진단명과 수술명을 접할 때마다 예상 질문을 뽑아가며 책을 찾아봤다. 까칠한 선배에게 인계해야 할까 봐 긴장하며 근무표를 확인하는 게 습관이 됐다. 간호사 면허 취득은 공부의 끝이 아니라 진정한 시작이었다.

선배의 날카로운 질문에 당황하는 못난 후배가 되기 싫었다. 군의관과 당당하게 소통하고자 공부를 시작했다. 타인의 평가로부터 자존심을 지키기 위해 열심히 노력했다. 하지만 중환자실에서 일하면서, 공부야말로 다른 사람의 생명을 지키기 위한 기초이자 필수라는 사실을 깨달았다. 헬기로 후송된 중환자, 20분의 짧은 면회 시간만 기다리는 보호자들을 만나며 공부의 목적이 달라진 것이다. 지루하고 버거웠던 공부가 환자에게 실질적인 도움이 되자 힘들지 않고 재밌어졌다. 생명을 붙잡고 사투를 벌이는 환자와 그들을 위해 간절히 기도하는 가족들을 위해 공부하고 또 공부했다. 공부할수록 그들을 위해 할 수 있는 일이 하나씩 늘었다.

"대위가 아니라 소위였어요? 능숙해서 난 대위인 줄 알았어요. 오늘 밤 잘 부탁해요."

자정 넘게까지 응급 수술을 마치고 환자 상태를 확인하고자 중환자실을 방문했던 주치의의 말은 지금까지도 잊히지 않는다. 하루 종일 수술실, 병동, 외래를 오가며 환자를 진료하고 퇴근할 무렵 도착한 응급환자를 늦은 시간까지 수술하느라 피곤했던 군의관이 놓친 처방에 대해 질문하자 고마움을 표현했다. 중환자실 간호장교로 인정해 주는 주치의가 나의 간호 역량을 믿으며 부탁한 환자를 밤새도록 성심껏 간호했다. '아는 만큼 보인다.'라는 말이 실감 났다. 맡겨진 환자를 위해 집중하는 선배들의 모습을 닮아가며 그렇게 임상에 익숙해질 무렵, 나는 국군수도

병원 응급실 밤번 근무를 시작하며 밀레니엄을 맞이했다. 각종 의무 장비를 점검하며.

국군수도병원에서 기획 총괄 장교로 근무하던 2017년 겨울, 직원들과 서평 쓰기 교육을 받게 된 건 또 하나의 전환점이었다. 단순히 책을 읽는 데 그치지 않고 기록하기 시작했다. 책 한 권 읽을 시간이 없을 땐 〈세바시〉 15분 영상이라도 시청하고 기록했다. 매일 글을 쓰자 나를 돌아보고, 내면의 목소리를 듣게 되었다. '해야 하는 일'만 좇던 나는 비로소 '좋아하는 일', '잘할 수 있는 일'을 생각하기 시작했다. 삶의 핵심 가치를 새기고, 새로운 소망이 피어났다. 책을 통해 내 길을 찾아가는 여정에서, 작가들을 만났다. 그들은 "책을 읽으세요."라고 말하는 대신, 이렇게 말했다.
"방 소령님, 책 쓰세요."
감히 엄두도 내지 못했던 말이었다. 나는 그 말의 의미를 '제대로 책을 읽어라.'라는 뜻으로 받아들였고, 책을 펼쳤다. 두려움이 기대감으로 바뀌자, 전역 후 새로운 삶을 꿈꿀 수 있었다. 그리고 정확히 1년 뒤, 나는 작가가 되어 있었다. 중령 명예 진급과 함께 전역 시점도 1년 앞당길 수 있었다.

전역 후, 전국을 누비며 동기부여 강사로 활동하겠다는 꿈을 품었다.

고속도로를 달리며 강연장으로 향하는 상상만으로도 설렜다. 그러나 기다렸다는 듯이 닥친 코로나19는 모든 걸 멈추게 했다. 보이지 않는 바이러스와의 전쟁 속에서 사람을 만나는 일조차 두려워졌다. 대신 나는 줌과 메타버스를 통해 '새로운 만남'을 시작했다. 방구석 1열에 앉아 비대면 수업을 들었던 나는, 비대면 플랫폼을 타고 전 세계로 나갔다. 해외 파병 장병, 아프리카의 한글 학교 청소년들과의 만남으로 이어졌고, 10명 남짓하던 독서 코칭은 어느새 100명 가까운 교관들과 함께하는 시간으로 커졌다.

"군을 떠났기에 더는 할 수 있는 일이 없는 게 아니라, 더 많은 일을 할 기회를 만나는 것이다."

명예전역 지원서에 적은 이 다짐을, 나는 5년째 지키고 있다.

"한 사람이 온다는 건 그 인생이 온다는 것이다."

훈육 장교 시절, 수시로 마주했던 이 인디언 속담은 매 순간의 '만남'에 온 마음을 다해야 한다는 책임감을 일깨워 주었다. 이제는 간호 학원을 찾아오는 사람들에게도, 같은 마음으로 다가간다.

당신은 내 기도의 응답으로 만나게 된 소중한 사람입니다.

지금은 단지 제 손을 잡을 용기만 있으면 됩니다.
언젠가 당신도 누군가를 도울 힘 있는 사람이 될 기회입니다.
함께 걸어가겠습니다.

> 삶이 말이 되는 질문
>
> **Q** 당신의 삶에서 누군가를 진심으로 만나며 배운 경험이 있나요?

3

이름표 없는 나를 마주하다

송주영

가슴에는 항상 이름표가 있었다. 배냇저고리 가운데 붙은 엄마 이름 석 자가 시작이었을까. 초등학교에 입학해서 대학을 졸업할 때까지 내 옷에는 정자로 곱게 수놓인 이름 혹은 네모난 플라스틱 명찰이 달려 있었다. 졸업하고 나서도 마찬가지였다. 이름 앞에 계급이 하나 더 붙었을 뿐. 직장과 학교는 이름표처럼 크게 다를 게 없었다. 네모난 건물 몇 개로 이루어진 근무지와 음식을 집을 때마다 짤그랑거리는 철 식판. 빈틈없이 채워진 시간표. 시곗바늘을 계단 삼아 오르락내리락하다 보니 어느새 이십 대가 다 지나가 버렸다. 서른 살이 되던 해에 내 이름표는 이 순간만을 기다렸다는 듯 사라져 버렸다. 전역을 한 것이다. 국방부 의무실 대위 송주영을 마지막으로 나는 더 이상 아무런 소속도 없다. 억지로 따지자면 대한민국 국민 정도랄까.

군에 있을 때 나는 바깥세상이 너무나 궁금했다. 삼교대로 근무하면서도 낮에 시간이 나면 전자 기타를 메고 시내로 나갔다. 보통 내 또래 사람들은 어떻게 사는지 직접 보고 싶고, 경험해 보고 싶었다. 홍대 거리에 앉아 유행하는 노래를 흥얼거리며 지나가는 사람들을 구경하는 것만으로도 즐거웠다. 친구가 다니는 대학에서 영문학 강의를 들어보기도 하고 머리에 수건을 싸매고 쫓기듯 북한산을 오르기도 했다. 시청역 근처 아담한 소극장에서 인디 영화 한 편을 보고 나오면 그렇게 뿌듯할 수가 없었다. 시간을 쪼개고 쪼개어 만들어 낸 자유시간. 잠시나마 이름표를 떼고 훨훨 날 수 있는 일탈의 시간이었다. 그런데 전역을 하고 나니 시간을 쪼개고 나눌 필요가 없어졌다. 굳이 일찍 서두르지 않아도 반짝이는 햇볕 아래를 마음껏 거닐 수 있었다. 모든 게 천천히 움직이는 것 같았다. 나는 달려야 할 것만 같은데 다들 너무 느리게 걷고 있으니 어찌할 줄 몰랐다. 눈치챈 남편이 말했다. "한 달 정도 시간을 가져 봐. 뭐든 해 보는 거야." 남편은 내가 마음의 여유를 갖고 차차 적응해 나갔으면 하는 뜻으로 건넨 말이었지만 그의 말은 내게 다르게 전해졌다. '주어진 시간은 한 달뿐이야. 그 안에 새로운 이름표를 찾아야 해!'

아침에 아이를 어린이집에 등원시키고 나면 곧장 토익 학원에 갔다. 학원이 끝나면 맞은편 헬스장에서 개인 트레이닝을 받았다. 출산 후 일 년 반 정도까지는 너무 무리하면 위험하다며 군사 훈련의 백 분의 일도 안 되는 강도로 루틴을 짜주는 트레이너가 조금 원망스러웠다. 대학생들 틈에서 컵밥을 들이켜고 나면 어느덧 오후였다. 매무새를 다듬고 아나 서 학원으로 가 강의를 듣고 나면 아이의 하원 시간이었다. 그렇게 두 달이 지나고서야 마침내 새로운 이름표를 갖게 되었다. 하지만 예전과는 다른 이름표였다. 내 업무는 일이 생길 때마다 연락을 받고 출근하는 프리랜서 방식이었다. 출근은 일주일에 한 번 혹은 이 주일에 한 번이 될지도 모르는 일이었다. 난 오히려 자유로워서 좋았다. 일단 멋진 이름표를 다시 얻었으니 나머지 시간엔 다시 일탈을 꿈꿔볼 수도 있는 것이다.

시간표를 다시 짰다. 새로 시작한 복싱은 생각보다 꽤 재미있었다. 이전에 다니던 헬스장과는 차원이 다른 고강도 훈련을 매일 아침 하고 나면 하루가 개운했다. 직장인 밴드 활동을 다시 시작하고 종종 공연도 했다. 구립 합창단에 입단해서 일주일에 두 번 소프라노로 활동했다. 열정이 넘치는 우리 합창단은 전국 합창 대회에서 대통령상의 영예까지 안았다. 운 좋게 공익 광고 모델도 해 보았다. 자격증을 두 개 땄고, 업무에서도 인정받아 다른 곳에서도 러브 콜을 받았다. 예전처럼 시곗바늘 초침 위를 달리며 분침과 시침을 넘나들었다. 다시 모든 게 빠르게 지나가기 시작했다.

그렇게 전역한 지 2년이 지났을 무렵 지칠 줄 모르고 내달리던 내 앞을 시커먼 동굴이 가로막았다. 남편의 해외 발령으로 가족 모두가 이사

가게 된 것이다. 이사 갈 곳은 여행지로도 상상해 본 적 없는 중동 지역. 사우디아라비아의 근처에 있는 '바레인'이라는 나라였다. 이삿짐을 싸면서도 믿기지 않았다. '내 이름표는 어쩌지.' 막막함과 두려움에 몰래 울기도 했다. 출국하는 날 아침엔 순간 도망가 버릴까 상상도 했다. 모든 것과 이별해야만 하던 그 순간, 컴컴한 동굴 속으로 들어가는 나를 내 이름표가 가지 말라 붙잡아 주었으면 했다. 사막 한가운데 덜렁 놓인 작은 집 한 채. 바람이 한 번 휩쓸고 지나가면 모래에 뒤덮여 어디 있는지조차 모르게 될 초라한 거처. 총을 멘 채 지프차를 타고 질주하는 군인들. 식료품을 구하려면 히잡을 둘러쓴 채 먼 길을 걸어야 하는 아낙네들. 모래 위를 힘없이 버티고 서있는 대추야자 나무. 내가 상상하던 중동의 모습은 할레드 호세이니의 소설『연을 쫓는 아이』의 배경처럼 쓸쓸함과 아픔이 느껴지는 곳이었다.

　공항에는 남편의 후배가 마중을 나와 있었다. 놀랍게도 그를 따라다닌 단 하루 만에 우리는 집과 자동차, 휴대전화, 생필품까지 한국과 다름없이 마련할 수 있었다. 그날 당장 바레인산 달걀과 이집트산 양파, 레바논산 감자로 저녁밥까지 차려 먹을 정도였다. 이곳도 사람 사는 보통의 동네였다. 무식하면 용감하다는 말과는 반대로 나는 무식해서 두렵고 괴로웠던 거였다. 대신 여기엔 나를 아는 사람이 아무도 없다. 기한 내에 반드시 해내야 할 임무도 없다. 올라탈 초침도 당장 가야 할 곳도 없다. **무언가를 해내지 않아도 그저 나였다. 완전한 자유로움이었다.**

내가 원하는 자유에는 언제나 단서가 있었다. 이름표에 달린 끈을 부여잡은 채 자유로울 것. 그 끈이 혹여 끊어지진 않을지 정말로 안전한 상태인지를 거듭 확인하면서 훨훨 날고 싶었다. 끈이 더 튼튼하게 만져질수록 안심했지만, 끈이 닳기 전에 더 높이 더 멀리 날아야 했기에 힘에 부쳤다. 손에 꽉 쥐고 있던 끈도 없고 가슴에 붙이고 다니던 이름표도 없지만, 이상하게 두렵지 않았다. 오히려 자신감이 생겼다. 아이가 놓친 풍선처럼 자유롭게 하늘을 날 수 있을 것 같았다. 새로운 세상에서 새로운 나를 만나는 기분이었다. 자신을 속박하며 채찍질했던 나를 위로할 용기, 한없이 자유로워질 용기만 있으면 되었다.

다음 날 시차로 인해 새벽에 눈이 떠졌다. 창문 너머 수많은 가로등이 주홍빛으로 반짝이고 있었다. 이름 없는 누군가를 반기는 것처럼.

> **삶이 말이 되는 질문**
> **Q** 새로운 세상에서 새로운 나를 만난 적이 있나요?

4
작고 따스한 인연을 만나다

심 화 정

인생의 많은 일은 결국 사람 사이의 '만남' 속에서 일어난다. 누구와 시간을 함께했는가에 따라 삶의 풍경은 달라진다. 스쳐 지나가는 사람도 있고 오래도록 곁을 지키는 인연도 있다. 한낮의 피로한 사무실에서 마시는 시원한 아메리카노처럼 뜻밖의 만남이 지친 하루를 버티는 힘이 되어 주기도 한다. 첫눈에 낯설고 불편했던 사람이 가장 편안한 존재가 되기도 하고, 별 의미 없을 것 같던 짧은 인사가 삶의 전환점이 되기도 한다. 때로는 기대와 달리 흘러가 버린 인연에서도 은은히 스며드는 잔향이 남는다. 우리는 그 모든 순간을 미리 계산하거나 예측할 수 없다. 우연처럼 찾아온 만남의 조각들이 모여 하나의 인생이라는 퍼즐을 완성한다.

사회 초년생 시절의 나는 사람들에게 지나치게 마음을 쏟았다. 돌아보면 '좋은 사람'으로 보이고 싶다는 갈망이 내 안 깊이 자리하고 있었다. 누군가가 나를 부르면 늘 상대의 사정을 먼저 헤아렸다. 그것이 곧 성실한 삶의 방식이라 믿었다. 그러나 곧 깨달았다. 노력과 진심만으로는 모든 인연이 깊어질 수 없다는 사실을. 군 생활은 그 배움을 몸으로 새긴 시간이었다. 6년 동안 네 곳의 근무지와 여섯 개의 부서를 거치며 수없이 많은 만남과 헤어짐을 반복했다. 정성을 다한 관계도 근무지 이동과 함께 매번 이별을 맞아야 했고 내가 원한다고 해서 관계가 계속 이어지는 것은 아니었다. 남성이 대부분인 조직에서 누군가를 향한 작은 호의가 뜻밖의 오해를 낳기도 했다. 그런 경험이 쌓이자, 사람들을 대하는 태도는 점점 조심스러워졌고 어느 순간, 사람들과의 사이에서 점점 거리를 두고 있는 나를 발견했다. 어떤 동료는 "늘 친절하지만, 어딘가 벽이 느껴져."라고 말했다. 돌아보면 그것은 내 마음을 지키기 위한 방어기제였다.

 그 시기를 지나며 깨달은 건, 관계에는 적당한 거리가 필요하다는 단순하지만 깊은 진리였다. 가깝지만 멀고, 멀지만 가까운 사이의 균형을 익히며 타인과의 관계에서 마음의 무게를 조율했다. 상대에게 다가가되 내 자리를 잃지 않는 것, 그것이 관계 속에서 마음을 지키는 길이었다.

 사회생활을 하며 애써 이어 온 관계도 있지만, 30년 지기 친구들처럼 자연스럽게 오랜 시간 곁에 남는 인연들도 있다. 이어지길 바랐지만, 멀어진 사이가 있는가 하면 예상치 못하게 오래 남은 관계도 있다. 다양한 관계를 지나며 깨달은 것 중 하나는, 어려운 시기에 나를 지탱해 준 건 깊은 인연뿐만 아니라 일상 속에서 오가던 작고 따뜻한 마음들이었다는 것이다.

아파트에 살면서 아이들 발소리가 아래층으로 전해질까 늘 신경이 쓰였다. 거실과 방에 매트를 깔고 지내긴 했지만, 층간소음은 늘 조심스러웠다. 엘리베이터에서 아랫집 아주머니를 마주칠 때면 미안한 마음에 먼저 인사를 건넸다. 아주머니는 "괜찮아요."라고 답하며 오히려 아이들에게 따뜻한 말로 안부를 묻곤 했다. 집 근처 세탁소는 이사 온 뒤로 3년째 다니고 있다. 임신한 몸으로 첫째 아이를 데리고 세탁물을 맡기러 갔던 날이 아직도 생생하다. 사장은 만삭인 나를 보고는 세탁한 옷들을 직접 배달해 주었다. 그리고 3년이 지난 지금도 여전히 세탁물을 집까지 가져다주고 있다. 몇 달 전 어린이날에는 아이들과 함께 먹으라며 케이크를 선물로 주기도 했다. 집 앞 카페 사장은 유아차를 끌고 가면 항상 문을 열어 준다. 혼자 가게를 운영하며 분주할 텐데도 오가는 사람을 세심히 살핀다.

이렇게 오가며 얼굴을 익힌 사람들은 이름은 몰라도 마음은 닮아 있었다. 하루 중 잠깐 스쳐 지나갈 뿐이지만, 그 짧은 순간들이 쌓여 하루의 표정을 바꾼다. 누군가와 주고받은 인사 한마디, 그 눈빛 속의 온기가 오래도록 마음에 남는다.

그 온기는 겨울날 붕어빵처럼 짧지만 깊게 스며든다. 코끝과 볼이 시린 추운 겨울날, 길모퉁이에서 마주친 붕어빵 포장마차의 따뜻한 불빛은 늘 발걸음을 멈추게 했다. 반을 갈라 들고 있으면 김이 모락모락 피어오르고, 달콤한 팥소가 듬뿍 들어간 붕어빵이 손끝과 마음을 함께 데워 주었다. 그 짧은 온기가 오래도록 마음에 남아 매번 그 앞을 지날 때면 나도 모르게 걸음이 느려졌다. 서점 앞에서 아이와 나눠 먹던 붕어빵, 출근길 동료가 무심히 내민 봉지 속 따끈한 붕어빵. 잠깐의 순간이었지만 마음은 오래도록 따뜻했다. 그래서 겨울이 오면 나는 차 수납함에 작게 접은 지폐 몇 장을 미리 넣어둔다. 언젠가 붕어빵 장수를 만나면, 누군가에게 그 온기를 전할 수 있도록.

모든 인연이 오래 이어질 필요는 없다. 어떤 만남은 그 순간만으로 충분하다. **스쳐 간 인연이라도 그 짧은 온기가 우리의 삶을 지탱해 준다.** 다만 그 온기를 만나려면 내가 먼저 마음을 여는 용기와 사소한 준비가 필요하다. 붕어빵을 사기 위해 겨우내 현금을 챙겨두듯, 삶도 작은 마음 씀씀이 속에서 더 따뜻해진다.

법륜 스님은 말했다. "오는 사람에게는 감사하고, 가는 사람에게는 '감사했습니다.'라고 하면 된다."

이제는 인간관계에 조급해하지 않는다. 오래가지 못한 만남이라도 그 안에서 나눈 온기는 여전히 마음에 남아 나를 데운다. 오늘도 작은 인사를 건넨다. 지금 곁에 있는 이들에게 고마움을 느끼며 그들을 이해하려 한다. 결국 인생은 수많은 만남이 모여 완성되는 하나의 퍼즐이다. 오래된 인연은 굵은 선이 되고 스쳐 간 인연은 옅은 배경이 된다. 그 모든 조각이 모여 지금의 나를 만든다. 곁에 머문 인연도, 스쳐 간 인연도, 모두 내 삶의 온도를 채워 주는 소중한 순간들이다.

> **삶이 말이 되는 질문**
> **Q** 지금 당신 마음속에 떠오른 인연은 누구인가요?

5
어른이 되어 닮고 싶은 어른을 만나다

이 다 인

초보 면접관 시절, 나는 늘 책을 끼고 다녔다. 멋져 보이고 싶어서가 아니라, 누군가 말을 걸까 봐 두려웠기 때문이었다. "면접 많이 해 보셨죠?"라는 질문만 들어도 가슴이 쿵쿵 뛰었다. 겉으로는 능숙한 척 대답했지만, 내 떨림은 이미 상대에게 들켰을 것이다. 대규모 공채 시즌이 되면, 면접관만 50명이 넘게 모였다. 처음에는 구석진 곳에서 샌드위치를 뜯었다. 그 상황에서 빨리 벗어나고 싶었다. 핸드폰을 제출해야 했고, 어색한 대기실에서 책을 읽는 것이 유일한 방패였다. 책을 읽는 척이라도 하면 사람들의 시선을 피할 수 있었으니까 말이다. 그땐 오늘 하루가 무사히 지나가길 바랐던 시절이었다.

내가 자주 던진 질문은 "존경하는 인물이 있습니까?"였다. 깊은 뜻이 있었던 건 아니다. 다른 질문을 순간적으로 만드는 게 쉽지 않아 그나마 만만해 보여서 던진 질문이었다. 그런데 막상 대답을 듣다 보니, 지원자가 어떤 사람을 떠올리느냐에 따라 그 사람의 가치관과 삶의 태도가 은근히 드러났다. 그러던 어느 날, 나는 뜻밖의 답을 만났다. 그 지원자는 공모전에서 2등을 했다고 했다. 처음엔 흔한 수상 경험쯤으로 여겼다. 대수롭지 않게, '1등 하지 못해서 아쉬웠다.' 같은 익숙한 답변을 기다렸다. 그러나 그의 다음 말은 달랐다. 2등이라는 결과보다 그 과정에서 배운 것이 훨씬 값졌다고 했다. 목소리는 진지했고, 눈빛에는 도전의 흔적이 고스란히 담겨 있었다. 면접장이 아니라 강의실이 된 듯 그의 말을 경청했다. 더 놀라운 건 그가 덧붙인 말이었다. 1등을 차지한 팀이 왜 우승했는지 알 수 있었고, 그들의 전략을 배우려고 했다는 것이다. 그 순간 나는 알았다. 그는 성과에만 집착하는 사람이 아니라, 배움과 성장을 더 큰 가치로 여기는 사람이었다. 그의 이야기는 단순한 면접 답변이라기보다 삶의 철학처럼 다가왔다. 그래서 또 물었다. 이 청년에게는 왠지, 다른 대답이 돌아올 것 같았다.

"당신이 존경하는 인물은 누구입니까?"

지원자는 잠시 고민하다 입을 열었다.
"어른이 된 후 만난 어른이 있습니다."

사실 그다음 이야기는 잘 기억나지 않는다. 그 한마디로 충분했다. 어

른이 된 후 존경할 만한 인물을 만났다는 말에 그의 삶이 얼마나 열려 있고 배우려는 자세로 가득한지 알 수 있었다. 어른이 된 후 만난 어른이라니! 그 순간, 나를 돌아봤다. '나에게 그런 멘토가 있나? 분명, 있었을 텐데…' 막상 떠올리려니 쉽게 생각나지 않았다. 그날 다짐했다. 나도 오늘 만난 청년처럼 어른이 되어 존경하는 어른을 만나겠다고 말이다. 시간은 흘러, 이제 나는 어느 정도 자리 잡은 면접관이 되었다. 군인이었고, 간호사 출신이면서 경영학을 전공하고 데이터를 분석한 이 낯설고 독특한 정체성은 여전히 나를 면접 현장으로 불러세운다. 주눅 들던 시절을 지나 이제는 면접관을 가르치는 면접관이 되었다. 데이터를 다루며, 면접관으로 활동하는 나를 주변 사람들은 신기하게 바라본다. 그런 내가 신기한 건 내가 각오한 그대로 내 삶을 바꾼 멘토를 만났다는 것이다.

첫 번째 멘토는 인지심리학자 김경일 교수의 『어쩌면 우리가 거꾸로 해왔던 것들』을 읽으며 만났다. 그 책을 통해, 행동처럼 보이지 않는 정성적인 것도 숫자로 정량화할 수 있다는 사실을 처음 알게 되었다. 두세 번 반복해 읽었다. 책장을 덮고도 여운이 가시지 않아 나는 김 교수의 다른 베스트셀러를 찾아 읽었다. 저자 강연이 있다는 소식을 들으면 기꺼이 찾아가 앉아 강연을 들었다. 강연장에서 들은 문장은 밑줄을 긋듯 마음에 새겼다.

두 번째 멘토는 우연히 참석한 강연에서 만난 (전)구글 김태원 상무다. 그는 청중에게 이렇게 말했다. "세상을 바꾸고 싶다면 데이터를 배우세요." 환경운동가든, 사회복지사든, 심지어 작은 식당이라도 차려 성공하고 싶은 사람이든, 결국 누구나 데이터를 배워야 한다는 말이었다. 그의 강연은 앞으로 세상을 살아가는 데 꼭 필요한 생존법처럼 들렸다. 데이터를 배우라는 그 한마디가 마음에 불씨를 지폈다.

세 번째 멘토는 스타트업 경진대회에서 만난 크라우드 펀딩 플랫폼인 '텀블벅' 염재승 대표였다. 비전공자로 IT 기업을 세운 창업가였고, 나에겐 데이터 분석과 창업을 동시에 지도해 준 실질적인 멘토였다.
"비전공자도 엄마도 코딩을 배울 수 있는 세상이에요. 한번, 해 보세요." 라고 지지했다. 그 말은 나의 깊은 곳에 숨어 있던 '내가 해도 될까?'라는 의심을 조용히 건드렸다. 나는 염 대표를 만나 코딩을 배우기 시작했다. 단순 반복 작업을 컴퓨터 프로그래밍으로 처리할 수 있게 되었다. 그 경험은 자연스럽게 AI MBA 진학으로 이어졌다.

인생에서 가장 소중한 건, 누군가 먼저 살아 본 길을 조용히 내어주는 사람을 만나는 것이다. 내가 아직 겪지 않은 현실을 먼저 경험한 사람, 그래서 충고보다 따뜻한 질문을 건네고, 말보다 눈빛으로 길을 보여 주는 사람. 그들은 정답을 주지 않는다. 대신 내가 내 길을 찾을 수 있도록 거울을 비춰준다. 그 거울을 통해 나는 비로소 어디쯤 와 있는지를 알게 된다. 그렇다. 멘토는 단순히 지식을 전달하는 사람이 아니다. "이렇게 살아라." 하고 강요하지도 않고, "그냥 너답게 살아라." 하고 무책임하게 말하지도 않는다. 대신, "당신도 할 수 있어요", "이런 관점은 어떨까요?", "한번 해 보면 어때요?" 하며 가능성의 문을 조용히 열어 준다. 그 말들은 내 안의 잠든 가능성을 깨우고, 나만의 방향을 선택할 수 있게 한다.

"그래 멘토가 정말 중요해!"

이쯤 되면 이렇게 생각할 것이다. 그런데 내가 진짜 하고 싶은 말은 지금부터다. 사실 어른이 되어 멋진 어른을 만나본 경험은 있을 것이다. 진짜 어려운 건, 그의 조언을 진심으로 듣고 나에게 맞게 소화하는 일이었다. 이제 사람들은 내게 '어떻게 빨리 성장할 수 있느냐?'고 묻곤 한다. 그럴 때마다 성장은 속도의 문제가 아니라 태도의 문제라고 답한다. 안타깝게도 모든 사람이 멘토의 말을 다 귀담아듣지는 않는다. 좋은 사람을 만나는 것보다 더 어려운 일은, 그들의 말을 진심으로 듣는 일이다. 어떤 이는 조언을 받아들여 새로운 길을 열지만, 또 어떤 이는 "내가 뭘…", "이 나이에 무슨 공부냐?" 하며 한계를 정한다. 모든 말이 정답일 수는 없다. 하지만 경험의 무게가 있고 나를 위하는 마음이 담긴 말에는 반드시 귀 기울일 만한 가치가 있다. 그렇다. **인생에서 중요한 건 '좋은**

멘토를 만나는 것'과 동시에 '그 말을 들을 준비가 되어 있는 나 자신'일지 모른다.

나는 여전히 면접장에서 존경하는 인물에 관해 묻는다. 그리고 지원자가 어떤 사람을 만났는지, 그들 멘토의 말에 어떻게 귀 기울이는지 확인하려고 한다. 이 글을 읽고 있는 당신도 어른이 되어 존경하는 어른을 만나보길 간절히 바란다. 그리고 언젠가는, 누군가에게 그런 어른으로 기억되길 소망한다.

> **삶이 말이 되는 질문**
> **Q** 당신은 누군가에게 어떤 어른으로 기억되고 싶은가요?

6

특별한 인생 수업, 친정엄마를 다시 만나다

이 순 영

나이가 들어가면서 관계가 더 소중해진다. 주변에 큰 병으로 고생하는 사람이 있고 의외의 부고를 자주 받으면서 '후회 없는 삶'에 대한 생각이 많아진다. 사람도 시간도 기다려 주지 않고 다음을 기약하기 어렵다는 것을 알게 되었다. 그래서 뭐든 지금 해야 한다. 지금 만나고, 지금 사랑한다고 말하며, 지금 시작해야 한다.

몇 해 전 가까운 여군 후배가 폐암에 걸렸다는 소식을 들었다. 평소 술 담배 안 하고 생활 습관도 건강한 후배였기에 충격이 컸다. 코로나19 시기라 병문안도 할 수 없어 위로의 마음을 담은 책 몇 권을 전했다. 답답해도 기다리는 것 외에 방도가 없었다. 후배는 씩씩하게 치료에 임했다. 다행히 조기 발견되어 수술 경과가 좋고, 빨리 회복해 일상으로 복귀했다. 1년 후, 또다시 유방암 판정을 받았다. 하늘이 원망스러웠다. 이러다 얼굴도 못 볼 수 있겠다 싶어 한걸음에 찾아갔다. 나중에 하면 될 것이라 믿었던 것들을 영영 못 할 수도 있겠다는 두려움이 밀려왔다. 그 때문이었을까, 몇 장 읽다가 덮어 둔 채 10년째 책장에 꽂혀 있던 엘리자베스 퀴블러 로스의 『인생 수업』을 꺼내 들었다. 책 제목 그대로 죽음을 맞이하거나 누군가의 죽음을 지켜보는 마지막 순간의 인생 교훈이 담겨 있었다. 죽음의 경험을 이야기하지만 죽음의 가장 큰 교훈은 결국 '삶'이다. 저자는 '생의 마지막 순간에 간절히 원하게 될 것, 그것을 지금 하라'는 처절한 외침을 전한다. 나는 책을 덮으면서 '더 잘해 줄걸', '더 사랑할걸' 하는 후회를 남기지 않기로 했다. 소중한 사람들을 더 많이 사랑하고, 더 자주 만나고, 더 많이 나누며 살기로 했다. 가족들에게 나는 늘 군 복무로 바쁜 사람이었다. 나도 언제나 일이 우선이었고 나중에 잘하면 된다고 생각했다. 그땐 몰랐다. 내일은 결코 당연한 것이 아니란 것을.

난 딸 넷 중에서 엄마를 가장 많이 닮았다. 언제부턴가 내게서 반갑지 않은 엄마의 모습을 발견했다. 등이 굽고, 사소한 일에 연연하고, 감정을 꾹꾹 눌러 담고, 참기만 하는 모습이다. 언제부턴가 어깨가 말리고 등이 굽는 게 느껴진다. 틈날 때마다 스트레칭하며 등을 펴 보려 애썼지만, 유전의 힘은 생각보다 강했다. 작은 일에도 조바심 내며 잔걱정이 꼬리에 꼬리를 물어 밤을 지새우다시피 하고 나면 '난 역시 엄마 딸이구나!'라는 생각이 들곤 했다. 피할 수 없이 엄마를 닮아가면서 내 미래인 엄마에 대해 깊이 알아 가기로 했다. 엄마와 함께한 시간이 많지 않고, 엄마에 대해 아는 게 없다는 생각에 죄책감마저 들었다. 내가 어릴 적, 엄마는 늘 농사일과 가사로 바빴고, 여섯 아이를 키우느라 동분서주했다. 성인이 되어선 내가 바쁘다는 핑계로 자주 찾아뵙지 못했다.

그래서 올해 초 친정엄마와의 인생 수업을 시작했다. 기억도, 신체 기능도, 생활 능력도 조금씩 잃어가는 엄마를 보며, 늦기 전에 엄마를 온전히 이해하고 오래 기억하고 싶었다. 단순한 일상 대화로는 부족했다. 깊은 대화를 나누기에 우리는 마음의 여유와 인내심이 부족했고, 살아온 시대가 달랐다. 그래서 보다 전략적으로 코칭에서 배운 경청과 질문 기술을 활용해 인터뷰해 보기로 했다. 인터뷰를 위한 사전 준비가 필요했다. 엄마를 향한 질문은 60여 개. 삶의 조각들을 하나씩 꺼내 보기 위해 꼼꼼히 준비했다. 집중력과 인내심이 없어진 노모를 위해 질문은 짧고 쉽게 하고, 적절한 공감 언어를 쓰기로 했다. 무엇보다 엉뚱한 반응을 예상하고 어떤 상황에서도 고객을 상대하듯 평정심을 유지하기로 했다. 포기하지 않고 차분히 질문을 이어 가되, 엄마의 감정 변화와 피로도에 민감해지는 것으로 계획을 완성했다.

하루 날을 잡아 마음먹고 노트북을 펼치고 엄마와 마주 앉았다. 진지하게 인터뷰의 취지를 설명했다. 처음에는 손사래를 치더니 나의 진지함을 알아차렸는지 정자세로 고쳐 앉으셨다. "지금 기분은 어떠세요?"라는 질문으로 시작했다. 역시나 "기분? 그냥 그래."라고 시큰둥 대답하셨다. 엄마에겐 감정 표현이 쉽지 않으리라 예상했다. 조금 더 기다리자 "늘 그냥 그렇지. 근데 오늘은 네가 오니 좋다."라며 자식의 존재가 얼마나 의미가 있는지 알려 주셨다. 이어서 소일거리, 관심사, 좋아하는 음식이나 노래 등 소소한 일상 질문에서 어린 시절 기억, 가족, 결혼생활에 관한 질문까지 이어 갔다. 중간쯤 가선 피로해지셨는지 "몰라", "기억 안 나"라는 답이 돌아왔지만, 그 안에도 삶의 흔적이 담겨 있다. 두 시간가량의 문답을 통해 나의 엄마를 헌신적인 여섯 남매의 엄마이자, 고부갈등의 한을 품은 한국의 며느리로, 한결같이 남편을 그리워하는 아내로 이해하게 되었다.

엄마는 좋아하는 것이 무엇이냐는 질문에 극구 좋아하는 게 없다고 했다. 그러다 관련 품목을 하나하나 나열하면 그제야 "딸기는 싫어.", "수박? 수박은 맛있더라."라고 하셨다. 혹시나 자식들에게 좋아하는 것을 밝히면 부담을 준다고 생각했던 것 같다. 엄마의 소박함에 가슴이 저려 와 한참 말을 잇지 못했다. 주로 최근 기억만 남아 있는 엄마가 어릴 적 추억 하나를 풀어냈다. 상당히 구체적으로 묘사된 선명한 기억에 놀랐다. 6·25 전쟁 때 부모님을 따라서 온 가족이 피난을 떠나던 이야기였다. 엄동설한에 얼어붙은 강을 건너는 다섯 아이와 외조부모의 모습은 마치 영화 속 한 장면처럼 생생했다. 젊은 외할아버지가 세간살이를 가득 얹어 짊어진 지게, 그 위에 막내 이모가 올라타고, 부엌살림과 옷 보따리를 인 외할머니, 쌀자루와 마늘꾸러미를 안고 있는 큰이모들, 밥 냄비를 머리에 얹은 채 종종거리며 걷는 8살짜리 엄마의 모습. 이토록 또렷한 기억은 6 · 25 전쟁이 그만큼 충격적인 사건이었음을 말해 주는 것이리라. 내 엄마는 살기 위해 피난을 따라나섰고 전쟁 통에 살아남은 어린아이였다.

엄마와의 인터뷰를 통해 새롭게 알게 된 것은 아버지에 대한 엄마의 마음이었다. "아버지는 엄마에게 어떤 분이셨어요?"라는 질문에 남편의 기억을 좇는지 엄마의 시선이 한참 허공에 머문다. 그건 그리움이고 사랑이었다. 그러더니 "아버지와는 좋았어."라고 짧게 말씀하셨다. 내 기억 속 두 분 사이는 특별할 게 없었다. 부부 싸움은 없었지만 그렇다고 다정다감한 부부처럼 보이지도 않았다. 당시에는 감정을 드러내지 않는 게 미덕이던 시절이었다. 게다가 좁은 시골집에서 할머니와 자녀 여섯이 함께 살았으므로 눈에 띄는 애정 표현은 비밀스러울 수밖에 없었을 것이다. 지금도 엄마는 하루에도 몇 번씩 벽에 걸린 아버지 사진 앞에 한참을 서 계신다. 사진 앞에 서 있는 엄마의 뒷모습에선 늘 그리움과 애틋함이 묻어난다.

어느 날 낡은 사진첩을 보던 엄마는 평소와 달리 차분하면서도 힘 있는 목소리로 당부하듯 말씀하셨다. "지난번 내가 얘기한 것들, 꼭 글로 남겨. 그리고 이담에 너희들끼리 그거 꼭 나누고 잘 지내면 좋겠어." 엄마는 나에게 글쓰기 미션과 형제간 우애를 당부하신 것이다. 난 이것을 유언처럼 받아들였다.

아직 엄마의 인생 이야기에는 비어 있는 자리가 많다. 그 빈자리의 퍼즐 조각을 얼마나 찾아서 채울 수 있을지 알 수 없다. 나에게 남겨진 인터뷰 질문들, 함께 있어도 커지는 그리움처럼 질문 목록은 계속 늘어난다. 나는 하루하루 퍼즐 조각들을 채워 간다. 그 시간이 멈추지 않기를, 엄마와의 인생 수업이 오래오래 계속되길 기도한다.

나는 오늘도 소중한 사람들을 위해 시간과 마음을 비워 둔다. 그들과의 인생 수업을 놓치지 않기 위해.

삶이 말이 되는 질문

**Q 인생 수업을 함께하고 싶은 사람은 누구인가요?
당신은 그 사람과 함께 마지막으로 바다를 본 것이 언제였나요?**

7

결국 인연으로 만나다

장 정 현

"엄마! 아빠가 왜 이렇게 울어? 우리가 보고 싶어서 우나?"

억수같이 내리는 비를 보며 아들이 물었다. 아빠가 하늘나라에서 울면 비가 내린다고 믿는 아이.

"엄마, 아빠가 있으면 좋겠다. 아! 빠!"

그리움이 묻어나는 아들의 말에 눈물이 고였다. 내 표정을 살피더니 오히려 엄마를 걱정하는 어린 아들이 더 안쓰럽기만 하다. 하지만 아무 말도 하지 않고 혼자 그리움을 삭이는 것보다 표현하는 것이 건강한 반응이라 감사할 일이었다. 건강하신 친정아버지 덕분에 나는 오십이 다 되어도 마음껏 '아빠'를 부를 수 있지만 아들은 일곱 살부터 그러지 못했다. 그 사실만으로도 마음이 먹먹하다. 늦은 나이에 얻은 귀한 아들이라며 늘 애지중지 아껴주던 남편이었는데 아이와의 인연이 너무 짧기만 하다.

"아빠 부르고 싶으면 우리 같이 불러볼까?"

아이의 얼굴이 금세 환해졌다. 우리는 함께 노래하듯 경쾌한 억양으로 원 없이 '아빠'를 불렀다. 마주치는 시선에 아들이 활짝 웃어 주니 먹먹했던 마음이 한결 후련해졌다.

장례가 끝날 때까지 아빠를 찾지도 않고 묻지도 않는 아이의 모습에 신경이 쓰였다. 아무 말 없이 혼자 얼마나 무서운 마음을 곱씹고 있을지 마음이 아팠다. 빈소 가운데 걸려 있는 커다란 아빠 사진을 보고 아이는 이미 눈치챘을 수도 있다. 죽음을 이해하기엔 아직 어린 나이였지만 아빠가 영영 오지 못한다는 사실은 명확히 아는 듯했다. 감정 표현과 질문이 없는 것은 비정상적인 애도(grief) 반응일 수 있다는 생각에 걱정이 앞섰다. 감정을 억누르고 있는 것인지, 트라우마가 너무 커서 마음을 닫아 버린 건 아닌지 고민하던 끝에 소아청소년정신과를 찾았다.

다행히 검사 결과 특별한 이상이 없다는 소견이었지만 1년 후에 증상이 나타날 수도 있으니 지켜보자며 놀이 치료를 시작하자는 제안을 받았다. 아이와 놀이 치료를 받으러 다니는 시간은 내게도 큰 위로가 되었다. 놀이 치료가 끝난 후 이어지는 보호자 상담 시간에 나의 어려움을 얘기하고 따뜻한 위로를 받을 수 있었다. 아이를 위하는 일이라고 생각했는데 결국 나를 지키는 일이었다. 덕분에 아이도 나도 한결 마음이 가벼워져 놀이 치료는 6개월 만에 종결됐다.

남편이 떠난 날을 떠올릴 때마다 후회와 한숨이 밀려온다. 건강했던 남편의 죽음을 받아들이기 힘들어 부검을 의뢰했다. 사인은 '급성 심근경색'이었다. 심장질환 병력이 없었기 때문에 아마 코로나19를 심하게 앓고 난 후유증 때문일 거라는 의심만 할 뿐 증명할 길은 없었다. 퇴근 시간, 남편의 차가 아파트 입구를 통과했다는 알람을 받고도 30분이 지나도록 남편은 오지 않았다. 여러 차례 통화를 시도하고 메시지를 남겼지만, 답이 없었다. 급한 업무 전화가 이어지나보다 하고 생각했다. 코로나19 이후 회사에 신경 쓸 일이 많아 자주 있는 일이었다. 추운 날씨에 밖에서 불편한 통화를 하고 있을 남편이 안쓰러워 아들과 깜짝 마중을 나가기로 했다. 하지만 자꾸 불길한 예감이 드는 것을 아이에게 웃어 보이며 애써 외면하고 싶었다.

이후에 경찰서에서 확인한 CCTV에는 차에서 내려 한동안 하늘을 바라보다가 집으로 향하던 남편이 주차된 차 사이의 좁은 틈으로 스르륵 넘어지는 모습이 담겨 있었다. 남편이 쓰러지는 모습을 본 순간 다리에 힘이 풀려 바닥에 주저앉아 한참을 울었다. 장례를 치르는 동안 아이와 조문객들 앞에서는 참아왔던 통곡이 터져 나왔다.

"이 바보야, 나한테 전화했어야지! 집으로 빨리 들어오지, 왜 추운 데에 누워 있어. 일어나, 제발!"

이제는 그만 나쁜 꿈에서 깨어나고 싶었다. 그가 그렇게 허망하게 떠나는 순간에 현실감이라고는 조금도 느껴지지 않았다. 다른 가족들은 눈으로 보기 너무 힘들다며 직접 확인하기를 피했던, 나만 아는 그의 마지막 순간. 나도 역시 눈으로 직접 확인하는 것이 힘들고 두려웠지만 그의 마지막 순간이 또한 궁금했고 나는 그 모습을 기억해야 했다. 나중에 아이가 궁금해하면 설명해 주어야 할 아빠의 이야기. 그래서 힘든 결정이었지만 부검도 진행했다. 믿기 힘든 죽음이었고, 왜 그렇게 급하게 떠날 수밖에 없었는지 꼭 알고 싶었다.

빨리 발견하지 못해서, 체한 것 같다던 말을 그냥 넘겨서, 일이 바빠 건강검진을 미루던 걸 더 재촉하지 않아서. 그 모든 게 다 미안하고 후회스러웠다. 마지막 길이 얼마나 외롭고 추웠을지 가늠조차 되지 않았다. 얼굴에 상처 하나 없이 너무나 평온하게 누워 있던 모습을 보고 장난치지 말고 빨리 일어나라며, 아이가 놀란다고 다그쳤던 내가 한심하고 후회스러웠다. 119에 신고하고 반사적으로 심폐소생술을 시행했지만, 머릿속은 뒤죽박죽 너무 많은 생각들로 혼란스러웠다. 놀란 아이가 걱정되어 남편에게 오롯이 집중하지 못한 것도 사실이었다. 골든타임을 이미 훌쩍 넘겨버린 시간이었다 하더라도 남편의 마지막 순간에 최선을 다하지 못했다는 죄책감이 그 후로도 오랫동안 나를 짓눌렀다.

남편과는 고교 시절 같은 독서실에 다니던 동갑내기 지인 정도의 사이였다. 우리는 독서실 사무실의 TV 앞에 모여 함께 교육 방송을 시청하거나 독서실을 오가는 길에 마주치면 인사 정도만 나누는 사이였다. 그랬던 우리는 마흔이 되어 다시 만났다. 독서실에 다니던 학창 시절 내게 호감이 있던 남편은 제대로 말로 표현하진 못했지만 나는 어렴풋이 눈치를 채고 있었다. 마흔 살의 어느 날, 남편이 SNS 메신저를 통해 먼저 연락해 왔다. 몇 마디 안부를 묻는 메시지가 오간 뒤 내가 근무하던 병원으로 찾아왔다. 그는 고등학교 시절과는 사뭇 다른, 훨씬 근사한 모습이었다. 건강해 보이는 다부진 체격에, 멋진 정장을 차려입은 모습은 여유 있어 보였다. 큰 체격에 오히려 수줍어하는 모습은 정말 순수해 보이기까지 했다. 함께 저녁을 먹은 첫 만남 이후 퇴근 시간에 맞춰 남편이 병원으로 찾아오는 일이 잦아졌다. 같은 병동 근무자들에게 점수를 따려고 피자나 치킨 같은 야식을 양손 가득 사 오기도 했다. 만날수록 정이 들고 궁금한 것도 많아졌다. 예상치 못한 남편의 이벤트에 잔잔했던 일상은 활기가 넘쳤고 성실하고 솔직한 그가 점점 더 좋아졌다. 만난 지 4개월 만에 우리는 결혼했다. 긴 시간 동안 여러 차례 어긋났어도 만날 인연은 결국 만난다더니 우리를 두고 하는 말 같았다. 강남, 분당, 일산 등 직장과 거처를 몇 차례 옮겨 다니는 동안 우리는 비슷한 시기에 같은 지역에 머물렀다는 사실을 알게 됐다. 인연이란 참 신기했다. 비혼주의지만 아이는 한번 낳아 길러보고 싶다고 농담처럼 말했던 나였다. 내 나이 사십에 그렇게 부부의 인연을 만났고 아이도 낳았다.

남편은 가족에 대한 사랑이 아주 크고 깊은 사람이었다. 불혹에 얻은 소중한 핏줄, 눈에 넣어도 안 아플 아들의 사진을 지갑에 넣고 다니며 거래처 사람들이나 회사 직원들에게 수시로 보여 주며 자랑하던 팔불출 가장. 가족을 아끼고 자랑스러워했던 사랑꾼이었다. 남편이 세상을 떠난 지 3년이 지나 아들은 이제 열 살이 되었다. 아이 덕분에 힘든 시기도 버텨 낼 수 있었다. 남편이 보고 싶을 땐 휴대전화에 저장된 사진과 동영상을 찾는다. 화면 속 얼굴, 익숙한 그의 목소리와 행동은 마치 그가 옆에 있는 듯 생생하다. 늘 똑같이 고기를 굽고, 우리와 장난을 치고, 이벤트를 하며 행복한 모습 그대로인 그는 늙지도 않는다. 아들이 커가는 모습에서 남편을 만나기도 한다. 아빠를 꼭 닮은 아이의 등과 어깨, 손과 발, 사소한 습관과 성격까지. 그래서 가끔 아들을 남편 이름으로 부르는 장난을 치기도 한다. 그렇게 우리만의 방식으로 그리움을 표현하고 서로의 상처를 쓰다듬는다. 웃음과 유머, 가끔은 눈물로 자연스럽게 애도 과정을 겪어 내고 있다.

인연은 계산할 수도, 예측할 수도 없다. 하지만 분명한 건 우리가 만나는 모든 인연은 다 의미가 있다는 것이다. 그 의미를 깊이 생각하고 깨달음을 얻을 때 비로소 감사할 수 있다. 짧았던 남편과의 인연이 과연 내게 어떤 의미였을지 수없이 질문했다. 남편과의 인연으로 소중한 아들이 이 세상에 왔다. 더 이상의 어떤 의미도 그보다 클 수는 없을 듯하다. 아픈 경험 이후 삶의 소중함과 가족의 의미에 대해 더욱 깊이 생각하고 감사하는 기회를 얻었다. 무엇보다 소중한 아이와 즐거운 시간을 많이 보내며 든든한 울타리가 되어 주고 싶다. 아빠의 빈자리가 크지 않도록 곁에서 지켜보고 함께하고 싶은 일을 미루지 말자고 다짐한다. 오늘도 아이와 머리를 맞대고 마음을 모아 알콩달콩 사랑하며 살고 있다.

> **삶이 말이 되는 질문**
> **Q** 가장 고마운 인연은 누구인가요?
> 그 사람과의 추억을 떠올려 볼까요?

4장 말하다 : 나의 언어로

기회가 될 때마다 꿈을 말했다. 처음에는 대수롭지 않게 생각하던 이들이 하나, 둘 내가 이뤄가는 것을 보고 관심을 보였다. 점차 나의 이야기가 다른 이들에게 희망을 주고 있다는 것을 느꼈다. 나의 꿈을 넘어 우리의 꿈을 이야기하자 반신반의하면서도 함께 걸어가겠다는 사람들이 하나둘 생겨났다. 말이 얼마나 강력한 무기인지, 그때 비로소 알게 되었다.

1

훈련병 아들에게 걸어서 답하다

나정순

그해 4월 20일, 아들이 논산 훈련소에 입대했다. 아들은 네 살 이후 처음 까까머리로 이발했다. 당당한 표정으로 다녔던 아들은 어색해진 머리를 쓰다듬으며 멋쩍게 웃었다. 거실 소파에 앉아 기념사진을 찍었다. 이동이 잦은 내 직장생활 때문에 아들은 갓난아기 때부터 이모네 가족과 함께 자랐다. 중학생이 되었을 때 군대 가기 무섭다고 했다. "이스라엘에서는 아이에게 군인이 되기 위해 태어났다고 가르친단다. 우리를 지켜 주는 국가인데 너도 당연히 군대 가야지."라고 말하곤 했었다. 건강한 청년으로 성장하여 국방의 의무를 다할 수 있다고 생각하니 대견했다.

논산 훈련소에서 무리 지어 부대 안으로 걸어가는 아이의 모습을 지켜보았다. 100미터쯤 멀어졌을 때 아들은 걸음을 멈추고 뒤돌아보았다. 나는 누구보다 두 손을 높이 들어 흔들었다. 아들은 우리가 보고 있음을 확인한 후 다시 몸을 돌려 걸음을 이어 갔다. 걸음걸이에 힘과 리듬이 느껴졌다. 그 걸음걸이에 안심하며 집으로 돌아왔다. 기특하면서도 걱정스럽고 뿌듯하면서도 마음이 쓰였다. 힘든 훈련을 잘 견딜 수 있을까, 동기들과 잘 지낼까, 아프면 어떡하지? 30여 년 군 생활하고 있는 나도 아들 걱정이 되는 건 어쩔 수 없었다.

아들이 낯선 세계로 들어간 만큼 나도 무엇인가 하고 싶었다. 집에서 7km 떨어진 직장까지 도보로 출·퇴근하기로 결심했다. 천천히 걸으면 90분이 넘는 거리다. 7시까지 출근하려면 중간중간 달려야 한다. 첫날, 6시에 집을 나섰다. 집에서 나오면 바로 소양강을 만난다. 새벽의 푸른 강물 너머에 서너 겹으로 쌓인 산들이 채도가 다르게 펼쳐져 있었다. 차분한 선율의 팝송을 들으며 천천히 걸었다. 시원한 소양강 공기가 뺨에 닿았다. 벚꽃이 진 자리에 더 화사해진 잎사귀들이 신선의 세계를 만들었다. 손가락 사이로 드나드는 부드러운 아침 바람, 노란 애기똥풀, 서양민들레, 벚나무, 강, 산, 하늘이 긴장한 나를 부드럽게 위로해 주는 듯했다.

10분쯤 지나자 몸이 풀리기 시작했다. 발걸음에 맞춰 호흡이 편안해지면서 머릿속 복잡한 생각들이 정리되었다. 아이를 걱정하는 마음에 여백이 생겼다. 경쾌한 음악을 들으며 살살 달리기 시작했다. 몸에 닿는 아카시아 향기가 좋았다. 마음이 공중에 붕 뜨는 느낌이었다. 산책하는 속도로 편안하게 달리기로 했다. 갈비뼈를 똑바로 세우고 긴 호흡을 내

쉬며 달걀 위를 걷듯 살금살금 달렸다.

왼편으로 호수처럼 잔잔한 강이 모습을 드러냈다. 멀리 보이는 마을은 동화 같았다. 사진으로 담아 두고 싶었지만 속도를 늦출 여유가 없었다. 빠른 비트의 음악과 함께 놀이공원 육림랜드를 지났다. 아이가 춘천에 오면 놀러 갔던 곳이다. "엄마, 사랑해요." 녹색 칠판에 아들이 쓴 하얀 색 분필 글씨가 떠올랐다. 아이에게 엄마는 세상 전부였다. 그때는 몰랐다. 언젠가 아이가 부모를 떠나 자신만의 길을 걸어갈 거라는 사실을.

이어서 인형 극장이 보인다. 이 장소에서 소양강을 가장 가까이 만난다. 친수호안을 사이에 두고, 강과 같은 높이로 길이 펼쳐진다. 바람에 따라 강은 잔잔하게 반짝이기도 하고, 화난 물결을 만들기도 한다. 강물은 하늘, 나무, 구름 색과 기온에 따라 매 순간 다른 빛깔로 변한다. 신비로운 장소 중 하나이다. 이곳을 지나면 오르막길이 나오는데, 왼쪽 강가에 보라색 꽃이 무수히 달린 커다란 나무가 보였다. 사진을 찍고 싶지만 그냥 지나간다.

문득 깨닫는다. 놓치는 풍경이 있어도 괜찮다. 이 순간을 음미하며 걸어가는 행위로 충분하다. 동화 같은 강을 옆에 두고 천천히 달리다 보니 어느새 4차선 도로가 나왔다. 쌩쌩 달리는 차 소음을 들으며 좁고 울퉁불퉁한 보행자 길을 따라가야 한다. 바흐와 슈베르트 선율을 들으며 천천히 걷는다. 호흡을 고르며 업무와 동료들을 대하는 태도는 어때야 할지, 내 삶에서 중요한 가치는 무엇인지 생각한다.

걷고 달리는 동안 몸은 따뜻하게 데워지고 생생한 자연의 에너지로 채워진다. 정신은 맑고 마음은 긍정적이다. 부서원들이 각자 맡은 업무를 잘 해내는 모습이 새삼 고맙게 느껴진다. 사람들과 이야기할 때 편안하고 자연스러워진 나를 발견한다. 과장하거나 잘 보이려고 노력하지 않아도 호감이 저절로 전달되는 느낌이다.

퇴근길 7km를 100여 분 동안 어슬렁어슬렁 천천히 걸으며 침묵의 소리를 들었다. 소양강에 해가 지면서 만드는 붉은 석양빛이 푸른 구름 사이로 스며들었다. 소설 『그리스인 조르바』 속 문장이 떠올랐다.
 "진정한 행복이란 이런 것인가. 잠든 사람에게서 홀로 떨어져 별을 머리에 이고, 뭍을 왼쪽, 바다를 오른쪽에 끼고 해변을 걷는 것."
 하루 종일 쌓인 피로를 걸을 때마다 깊은 땅에서 부드럽게 받아 주는 느낌이었다.

일주일 뒤 휴대전화에 낯선 번호가 떴다.
 "엄마! 나 죽을 것 같아."
 "그래?"
 긴장한 내 목소리가 작아졌다.
 "하하하하!"
 아들이 갑자기 큰 소리로 웃었다. 놀라게 하려는 연극이었다. 안심하며 나도 큰 소리로 웃었다.

"저는 잘 지내고 있어요. 밥도 맛있고 잠도 잘 자고. 훈련도 받을 만하니까 걱정하지 마세요."

"잘할 줄 알았어. 대단하다."

아들이 훈련소에서 생활하는 5주 동안 하루도 빠뜨리지 않고 편지를 보냈다. 매일 14km를 걷고 달리며 나만의 방식으로 응원을 보내는 동안, 아들도 군 생활에 적응하고 있었다. 아들이 군에서 단단해져 가는 동안 내 체력과 정신도 강인해졌다. 걷기는 아들의 군 생활 적응에 대한 걱정을 덜어 주었고, 무엇보다 땅을 밟으며 이 순간에 몰입하는 법을 알려 주었다.

부모가 행복하게 사는 모습을 보며 아이는 마음의 안정을 느낀다고 한다. 자식 걱정에 어두운 표정을 짓는 대신 '내가 지금 하는 일을 잘하기' 위해 마음을 모은다. 그 과정에서 기쁨이 찾아온다. **사랑하는 사람에 대한 염려가 있다면 걷기를 권하고 싶다.** 걷는 동안 자신에 대한 믿음이 생긴다. 이 에너지는 사랑하는 사람을 신뢰하게 한다. 복잡한 마음을 단순하고 차분하게 가라앉힌다. 한 발 한 발 내딛는 동안 몸에 리듬이 살아난다. 사랑하는 사람이 있다면 걸어서 답해 보시라.

> 삶이 말이 되는 질문
> **Q** 오늘 당신의 걸음은 어디를 향하고 있나요?

2

기록하며 꿈꾸고, 삶으로 말하다

방연주

   나는 오늘도 말하고 기록하며, 배움과 습관으로 세상을 품는다. 지난해 '습관 코치 양성 퍼실리테이터' 자격 인증을 받았다. '기록과 인출 연습 습관'을 주로 다룬다. 메타인지 학습법에서의 중요한 훈련 중 하나인 인출 연습은 '머릿속에 저장된 지식을 끄집어내는 것'을 말한다. 새로운 지식이나 기술을 익히고, 주어진 문제해결을 위해 자신의 기억 속에서 필요한 정보를 떠올리는 것이다. 인출 연습을 반복하면 새로운 대상에 대한 기억이 더 오래 유지되고, 이를 다양한 문제에 적용할 수 있는 능력도 생긴다. 기록과 인출 연습하는 습관으로 분석력, 창의력, 적용력을 발휘하도록 돕는 습관 코치가 되고자 한국습관교육센터와 연구 개발하고 있다. 육군 각 교육 기관에서는 교관 임무 수행하는 이들의 역량 개발을 돕고 있다. 그들에게 인출 연습과 창의적 사고 훈련의 기회를 제공한다. 군 교육 현장에 접목할 수 있도록.

말하고 기록하면 기적처럼 꿈이 실현된다.

그래서 나는 언제나 '긍정의 말'을 기록하고 소리 내어 말한다. 작은 생각일지라도 휘발되지 않도록 말과 글로 표현한다. '생각이 행동을 만들고 행동은 습관을 만들며 습관은 인생을 만든다.'라는 말은 누구나 아는 금언이다. 그러나 아는 것과 살아내는 것은 전혀 다르다. 생각이 인생이 되도록 하려면 연습이 필요하다. 그래서 나는 생각에 그치지 않고 행동으로 이어지게 하는 '공개 선언'을 습관화하고 있다. 말은 생각을 행동으로 연결하는 촉진제이기 때문이다.

강원도 원주에서 나고 자란 나의 첫 서울 나들이는 여섯 살 여름으로 기억한다. 아빠가 근무하시던 고등학교는 방학으로 휑하니 비어 있어 적막했다. 긴장감에 저절로 숨을 죽였다. 아빠를 따라 조심스레 들어선 교무실에서 아빠 책상을 발견하고 나서야 안도의 숨을 내쉬었다. 저녁 무렵 아빠 손을 잡고 오른 육교. 길을 건너기 위해 육교를 건넌다는 것만으로도 신기했다. 계단을 오르니 근사한 전망이 펼쳐졌다. 서울의 야경을 놀이공원의 LED 퍼레이드를 관람하듯, 불꽃 축제를 바라보듯 감탄하며 오래도록 쳐다보았다. 끊이지 않는 차량 행렬과 각양각색의 건물에서 나오는 불빛은 한적한 지방에서 올라온 내 마음을 완전히 사로잡았다. 그날부터 커다란 학교와 화려한 불빛의 서울을 동경하게 되었다. 며칠 뒤, 서울에서 고등학생 언니 두 명이 우리 집에 왔다. 아빠의 제자들이었다. 이틀간 우리 집에서 지내면서 같이 계곡에 놀러 가기도 하며 나와 놀아 주었다. 책도 읽어 주고 머리카락도 빗겨 주던 언니들은 서울에 가서도 내가 초등학교 들어갈 때까지 편지를 주고받는 친구가 돼 주었다.

"안녕하세요? 언니, 저는 내년에 학교에 입학해요. 1학년이 되면 늦잠도 못 자고 일찍 일어나야 하는데 걱정이에요. 언니들처럼 크면 서울에 있는 대학에 갈 거예요. 기숙사 생활을 하면 얼마나 재밌을까요?"

아빠와 함께 걷던 학교 복도와 눈부신 야경, 깜짝 선물처럼 우리 집에 온 언니들과의 추억이 어우러져 서울에 대한 기대는 나날이 커졌다. 막연한 상상 속에서 대학교 기숙사 생활의 꿈이 싹튼 내 편지에 언니들은 정성껏 답장을 써주었다. 까맣게 그을린 내 피부와 달리 뽀얀 살결의 언니들은 마음씨도 희고 고왔다.

'서울의 내로라하는 대학교의 기숙사 생활'에 대한 기대는 중학생이 되어서도 계속되었다. 성적이 상위권이기에 가능할 것 같았다. 중학교를 졸업하고 고등학교 입학을 기다리던 겨울, 우리 가족은 서울로 이사했다. 꿈이 현실로 되었다. 서울 캠퍼스 생활에 대한 꿈에 한 발짝 나아갔지만, 기숙사 생활에 대한 기대는 멀어져 가는 듯했다. 이대로 꿈이 무산되는가 싶었는데 기숙사 생활의 꿈을 이루게 되었다. 어릴 적 상상했던 것과는 달랐지만 10년 가까이 기숙사 생활을 하게 되었다.

기숙사 생활의 꿈을 이뤄준 국군간호사관학교. 그 누구보다 활발하게 잘 적응하며 생활한 것과 달리 나에겐 꼭꼭 숨겨두었던 상처가 있었다. 입교식 3일 전 예비 합격자로 입소했던 나는 재수도 생각할 만큼 간절했던 터라 기뻤다. 나보다 일주일 전에 입소한 동기들의 도움을 받아 빠르게 적응하며 생도 생활을 시작했다. 하지만 '꼴찌'라는 생각을 떨쳐 버릴 수 없었다. 비교와 열등감으로 인해 위축되었다. 알량한 자존심에 동기나 부모님, 그 누구에게도 털어놓을 수 없었다. 나 자신을 돌보는 방법을 모른 채 하루하루 버텼다. 매일 만나는 교수, 훈육관의 경력에는 1등이란 수식어가 붙어 있었다. 1등만이 기억되고 살아남는 곳에서 나 자신은 작게만 느껴졌다. 다방면에 뛰어난 동기들을 볼 때마다 자존감은 낮아져서 그들과 경쟁하는 게 두려웠다. 관심 없는 척, 필요 없는 척 나 자신을 속였다. 다시는 실패의 쓴맛을 보고 싶지 않았다. 선택하고 도전해야 할 과제 앞에서 점점 더 작아졌다. 겉으로는 괜찮은 척했지만, 속으로는 매일 무너지고 있었다.

생도 시절 내내 나는 치수가 맞지 않는 전투화를 신고 있었다. 그 사실을, 임관을 앞둔 시점에서야 알아차렸다. 충격이었다. 4년간 235mm

발에 250mm 전투화를 신고서도 몰랐다. 예비 합격자라서 지급된 전투화에 나를 맞춰야 한다고 생각했다. 당연히 확인조차 하지 못했다. 괜찮은지 묻는 사람이 없었기에 그게 당연하다고 여겼다. 겉으로는 활달해 보였어도 타인의 기준에 맞추며 눈치 보느라 아무 말도 못 했던 사람, 그게 나였다.

생도 3학년 봄, 엄마가 위암으로 세상을 떠나셨다. 공교롭게도 대학병원 첫 실습은 소화기내과 병동이었다. 내 눈에 자연스레 들어온 건, 환자와 함께 고통스러운 시간을 견디고 있는 보호자의 모습이었다. 단순한 학점 획득의 수단이 아닌 누군가에게 실질적인 도움을 줄 수 있다고 생각하자 간호학에 대한 마음이 열리기 시작했다. 간호학 실습과 전공수업에 흥미를 갖게 되자 성적이 올랐다. 작전참모로 선출되는 기회를 통해 각종 행사를 기획하고 실행하며 크고 작은 성공 경험도 얻었다. 조금씩 자기 효능감이 높아지며 하고 싶은 일들이 한 개 두 개 생겼다. 간호사 국가고시를 앞두고는 '국군수도병원 중환자실 간호장교 방연주'라고 책상에 적어 놓고 동기들에게 기회가 될 때마다 말했다. 비로소 나는 발에 꼭 맞는 전투화를 신고 임관해 국군수도병원 중환자실에서 근무하는 꿈을 이뤘다. 중환자실에서는 야간에는 혼자 근무하는 병동과 달리 3인 1조로 근무했다. 선배들과 근무하며 여러 상황에서 말하는 방법을 자연스레 터득하게 되었다. 긍정적인 말투로 격려해 주고 응원해 준 선배들 덕분에 조금씩 변화하기 시작했다. 거절당할까 두려워 말하지 못했던 것, 괜히 꺼냈다가 내 일만 늘어나는 게 아닐까 하며 주저했던 습관을 버리고 꿈꾸며 말하기 시작했다. 중환자 간호장교인 나에게는, 살려야 할 환자와 그 환자 곁에서 오랜 재활의 시간을 함께 버텨야 하는 보호자들이 있었다. 누군가를 살리고자 하는 간절한 마음에서 시작되어 나는 꿈을 이야기하는 사람이 되었고, 내 말 한마디가 누군가의 삶을 바꿀 수 있다는 사실을 깨달았다. 기회가 될 때마다 꿈을 말했다. 처음에는 대수롭지 않게 생각하던 이들이 하나, 둘 내가 이뤄가는 것을 보고 관심을 보였다. 점차 나의 이야기가 다른 이들에게 희망을 주고 있다는 것을 느꼈다. 나의 꿈을 넘어 우리의 꿈을 이야기하자 반신반의하면서도 함께 걸어가겠다는 사람들이 하나둘 생겨났다. 말이 얼마나 강력한 무기인지, 그때 비로소 알게 되었다.

"방 소령님, 처음엔 망상인가 생각했어요. 그런데 말씀하신 게 다 이루어지더군요. 이젠 무슨 말을 해도 믿어요. 함께 안 할 수가 없지요."
함께 근무하던 동료의 말에 힘이 났다. 내 말이 행동과 결과로 증명되면서 다른 사람들과 함께 걷는 꿈길이 되었다. 나와 같은 꿈을 가진 사람들, 이미 그 길을 걸었던 사람들은 나를 응원하며 힘을 보태주었다. 나는 이제 꿈을 말하며 그 꿈을 현실로 바꾸는 꿈길을 걷고 있다. 긍정의 말은 내 삶을 이끌었고, 내 삶은 이제 다른 사람들에게도 영향을 미치고 있다. 지금 내 꿈은 나 혼자서 꾸는 게 아니다. 다른 사람들과 나누고, 그들과 함께 성장하는 것이다.

전역 후, 나는 또 한 번 선언하게 되었다. 코로나19로 인해 비대면 수업을 진행하면서 바빠질수록 신체 활동량은 줄어 하루가 다르게 체중이 늘기 시작했다. 체중 감량을 위한 다이어트만으로는 내게 내적 동기부여가 되지 않을 것을 알기에 '체중의 십일조'라는 말로 바꾸어 표현했다. 삶에 불필요하며 좋지 않은 습관을 버리고 좋은 습관을 채워 체중의 10%를 감량한다는 의미였다. 변화된 나의 모습을 통해 하나님을 전하는 '다윗(다이어트의 줄임말이자, 다윗 왕처럼 쓰임 받고 싶은 마음을 담은 표현) 전도단'이 되겠다고 공개 선언했다. 숫자로 나타나는 결과에는 욕심이 없었다. 다만 그 과정에서 변화될 내 삶의 루틴이 기대되었다. 나를 지켜봐 주고 있는 이들에게 공개적으로 말했다. 나에게 맡겨진 학원 수강생들을 위해 기도하려고 새벽 예배를 드리자, 야행성인 생활 습관이 하나씩 교정되어 갔다. 6개월 만에 목표치의 두 배 이상인 12kg을 감량했고, 2년 동안 유지했다. 학원장 업무를 시작하며 체중이 다시 늘고 있다. 강의와 상담으로 바쁘게 지내다 보니 하루에 2천 걸음도 채 걷지 못할 때도 많다. 그래서 다시 선언한다.

"체중의 십분의 일 감량을 다시 시작합니다."

"물질의 십일조를 드리고, 시간의 십분의 일을 드리는 것처럼 내 습관의 십분의 일을 드립니다."

나의 도전이 누군가에게 희망과 도전이 될 수 있기를 바라며 나의 삶을 통해 함께 성장하는 누군가가 있기를 기대한다. 긍정의 말이든 부정의 말이든 지금 내가 하는 말은 그대로 이뤄진다. 어둠 속에서 환하게 빛나던 야경을 본 기억을 잊지 않고 편지지에 꿈을 기록했던 일곱 살의 순수함과 말에 대한 책임감을 지닌 습관 코치답게 나는 오늘도 기록하며 고백한다. 꿈을 현실로 만들어 줄 말의 힘을 알기에.

> **삶이 말이 되는 질문**
> **Q** 나는 내 꿈을 얼마나 구체적으로 말하고, 주변 사람들과 나누고 있나요?

3
특제 소스로 맛있는 이야기를 전하다

송 주 영

방송을 처음 시작한 건 고등학교 2학년 때였다. 당시 유행하던 음악 방송 커뮤니티에서 사이버 자키, 일명 'CJ'가 되어 좋아하는 음악을 소개하고 신청곡을 틀어 주는 방식으로 방송했다. 청취자들은 대부분 학교 친구와 그 지인들이었다. 친구들의 사연을 소개하고 고민을 나누며 좋아하는 음악까지 감상할 수 있었다. 독기 품고 공부해도 모자랄 시간에 컴퓨터가 있는 안방을 독차지하고 음악을 들으며 조잘대는 수험생 딸. 그 뒷모습을 보며 부모님께서는 얼마나 속을 태우셨을까.

인생에 버릴 경험은 없다고, CJ 경력은 사관학교 입학 후 특별 활동 부서를 정하는 데 결정적인 도움이 되었다. 학교 방송국 아나운서부에 합격한 것이다. 가장 중요한 임무는 '기상 방송'. 매일 아침 6시에 음악으로 전 생도들을 깨우는 일이다. 다른 생도들보다 20분 일찍 일어나 옷을 챙겨 입고 방송국으로 향했다. 해 뜨기 전 암회색 짙은 공기를 헤치며 방송실로 달려가 기계 스위치를 탁 켠다. 스피커의 우웅 하는 소리에 안심하며 전날 미리 골라 놓은 CD를 기계에 넣는다. 원하는 곡 목록을 선택해 플레이 버튼을 누르는 순간 고요하던 생도대에 내 취향이 고스란히 담긴 음악이 울려 퍼진다. 가끔 잠이 덜 깬 상태에서 다른 곡을 틀 때도 있지만 오직 나만 아는 실수일 뿐. 좋아하는 음악을 들으며 창밖에 하나둘 켜지는 기숙사 불빛을 바라볼 때면 얼굴에 옅은 미소가 번졌다. 저녁엔 고등학생 때처럼 사연이 있는 음악 방송을 하기도 하고 해마다 있는 굵직굵직한 학교 행사를 진행하기도 했다. 방송도 행사 진행도 언제나 설레고 즐거웠다. 내가 말하는 그대로 다음 순서가 이어질 때, 내가 주문하는 대로 관객들의 박수 소리가 커질 때 희열을 느꼈다. 그때까지도 나는 내가 말을 잘하는 사람이라고 생각했다.

"이거 보자마자 송 대위님 생각이 났습니다. 지원해 보시면 어떻습니까?"

함께 일하던 의무병이 한날 국방일보를 들고 나를 찾았다. 현역 장교를 대상으로 국방TV 뉴스 앵커를 선발한다는 기사였다. 모든 경력을 빠짐없이 정리해 지원서를 쓴 결과 서류 심사에 합격했다. 필기와 실기 시험을 거친 최종 선발 결과를 보고 방송은 내 운명인가 생각했다. 현역 앵커는 생방송 뉴스를 진행할 뿐 아니라 전국에 있는 부대를 돌며 취재기자로 활동하는 일도 했다. 군 병원을 벗어나 육군과 더불어 해군, 공군 장병들과도 만나며 다양한 분야를 알게 되었다. 그들을 인터뷰해 기사문을 쓰고 보도문을 낭독하는 일, 내가 원하는 흐름에 따라 영상을 편집하고 자막을 입히는 일은 매우 흥미로웠다. 국방부에서 주최하는 중요한 행사를 진행하기도 했다. 좋아하는 일을 매일 하며 지내는 것이 꿈만 같았다. '나는 타고난 방송쟁이인가 봐.' 하고 착각에 빠져 지내던 중 어느 날 예능 프로그램 담당 PD가 찾아왔다. 프로그램에 삽입할 현역 앵커들의 인터뷰가 필요하다고 했다. 방송국 건물 앞에서 마이크를 들고 간단한 질문에 대답만 하면 되는 거였다.

"군인이어서 좋은 점이 무엇인가요?"

첫 번째 질문에서부터 머릿속이 새하얘졌다. 입 밖으로 아무 말도 나오지 않았다. "어, 군인으로서 좋은 점이 어 그게….." 우물쭈물하는 나를 보고 더 놀란 건 담당 PD와 촬영팀이었다. 결국, 세 번의 NG 끝에 무슨 말을 했는지도 모른 채 인터뷰를 마쳤고 내 장면은 통편집되었다. 난 그저 글을 소리 내어 또박또박 읽는 것을 잘했을 뿐 말을 잘하는 사람이 아니었다는 걸 그제야 깨달았다. 방송할 때나 행사 진행을 할 때나 항상 내 손에는 대본이 들려 있었다. 처음부터 끝까지 대본대로만 정확히 전달하면 되었다. 혹시 모를 상황에 대비한 안내 멘트와 청중을 집중시킬 간단한 이야기 정도만 따로 준비해 두면 결과는 언제나 성공적이었다. 하지만 누군가의 질문에 재빨리 조리 있게 답변하거나 의견을 차근하게 표현하는 일은 다른 문제였다. 나는 그동안 무슨 말을 어떻게 하며 살았던 건지 혼란스러웠다. '질문에 답하기'라는 이 쉬운 것 하나 제대로 해내지 못하는 내가 한심했다. 부족한 자신을 향한 자괴감에 며칠을 괴로워했다. 그때부터 나의 관심사는 어떻게 하면 말을 잘할 수 있을까였다.

스피치 학원을 찾았다. 학원 선생님은 방송국 아나운서 시험에 합격하는 기술을 주로 가르쳤다. 면접관의 질문 속에 담긴 숨은 의도를 찾아 바람직한 답변을 내놓는 일은 '말 잘하기' 기술과는 조금 다른 듯했다. 하지만 답변을 생각하고 정리해 기록한 후 말로 내뱉어 보는 것은 그 자체로 꽤 괜찮은 훈련이었다. 스피치 자격증 공부를 하며 책도 찾아 읽었다. 여러 알파벳을 기억하기 좋게 조합한 스피치 기법부터 발표 불안을 없애는 방법 등 훌륭한 이론이 많았다. 문제는 어떻게 활용하느냐였다.

"오늘 뭐 별다른 일 없었어?"

남편이 퇴근하면 항상 하는 질문이다. "응. 딱히." 내 대답은 보통 짧고 간단했다. 이제부터 달라지기로 했다. 갑자기 대답이 길어지면 의아해할 남편을 위해 처음에는 아주 약간만 늘렸다. 그러면서 점차 구성을 갖춰 가는 방식으로 나만의 '질문에 답하기' 훈련에 돌입했다. 더욱 능숙하게 대답하기 위해서는 내 하루를 공들여 들여다봐야 했다. 직장 동료와의 대화부터 창밖에 비치는 가을의 끝자락, 특가 할인에 들어간 동네 슈퍼와 아침에 봤던 뉴스 기사들도 좋은 소재였다. 꽤 재미있는 이야기가 완성되는 날이면 남편의 퇴근 시간이 기다려지기까지 했다. 당시 '엄마' 두 글자만 할 줄 알던 아이와도 충분히 연습할 수 있었다. '혼자 묻고 답하기.' 어떠한 엉뚱한 말을 해도 핀잔을 주거나 나무랄 사람이 없었다. 이렇게 일상 속 작은 대화부터 정성을 다해 전할 말을 정리해 보는 것이 가장 효과적인 연습이었다. 사람들에게 수다스럽게 비칠까 염려될 때는 속으로 생각하는 것만으로도 충분했다. 일단 말하기에 편해지는 것이 먼저였다. 면접관 앞에서 짜임새 있게 답변하는 건 그다음 일이었다.

내가 인터뷰 때 얼어붙었던 가장 큰 이유는 너무 '잘' 대답하고 싶었기 때문이다. 군인이라는 직업이 가진 장점이 무엇인지보다 '어떻게 대답해야 멋있어 보일까?', '어떤 것이 이상적인 답변일까?', '이 쉬운 질문에도 바로 답변하지 못하는 내 모습이 얼마나 모자라 보일까?'를 먼저 생각하는 과잉된 자의식이 문제였다. '나의 경험'이라는 좋은 소재를 두고 타인의 멋진 이야기를 끌어오려다 보니 말의 순서가 꼬이고 제대로 답변을 끝마치지 못했던 거다. 훌륭한 요리사들은 자신만의 특제 소스를 가지고 있다고 한다. 이야기를 맛있게 풀어내기 위해서는 다양한 경험의 소스가 필요하다. **실패의 매운맛과 성공의 달콤함, 후회의 쓴맛, 단조로운 일상의 담백함마저도 나만의 특별한 소스가 될 수 있다.** 부엌 찬장에서 언제든지 꺼내 뚝딱 요리를 완성할 수 있는 특제 소스. 하루를 정성껏 관찰하고 대화로 정리하는 습관을 갖게 되면서 나도 나만의 소스가 조금 생긴 것 같은 느낌이 들었다.

여전히 내 손에는 대본이 쥐어져 있다. 특히 프레젠테이션할 때는 완벽한 시나리오가 필요하다. 행사 진행도 마찬가지다. 강의할 때도 정해진 내용과 순서를 지켜야만 제시간에 마칠 수 있다. 그래도 일상을 차곡차곡 찬장에 정리하는 습관만큼은 꾸준히 유지한다. 언젠가 그 누군가가 "작가가 되어 좋은 점이 뭔가요?"라고 물어본다면 찬장 속 나만의 특제 소스를 슬쩍 꺼내 진솔한 요리 하나 뚝딱 완성해 낼 수 있도록 말이다.

> 삶이 말이 되는 질문
> **Q** 언제 어디서나 꺼낼 수 있는 나만의 맛있는 이야기가 있나요?

4
나를 위한 언어로 말하다

심 화 정

　나는 늘 말을 하며 살아왔다. 누군가는 "말을 하지 않고 사는 사람도 있나?" 하고 물을지도 모른다. 내가 해온 말은 단순한 대화를 의미하는 것은 아니다. 누군가를 설득하고, 이해시키고, 위로하기 위해 만들어 낸 문장들이었다. 말은 언제나 책임이 뒤따랐고 그 무게를 견뎌야 했다. 군에서 간호장교로 지낸 6년 동안 수많은 강의와 상담을 진행했다. 응급처치, 금연, 건강증진 등 주제는 다양했고 대상도 제각각이었다.

　오전에는 강당에서 수십 명에게 금연 교육을 하고 오후에는 상담실에서 개별 상담을 이어 가던 하루였다.
　"금연 후 5년이 지나면 폐암 발생 위험이 절반 이하로 줄어듭니다."
　같은 말을 수없이 반복했지만, 매번 처음처럼 설명해야 했다. 오후가 되면 입술이 바짝 말랐다. 상담이 끝나기 전까지는 쉴 틈이 없었다.
　두 번째 직장에서도 강의와 상담을 맡았다. 심정지 환자를 위한 심폐소생술 교육, 테러 상황에서의 응급처치 훈련까지 하루 중 여러 시간 동안 강의하고 남은 시간에는 의무실을 운영했다.

"출혈량이 2ℓ를 넘기면 사망 위험이 커집니다. 지혈이 최우선입니다."

교육 대상들은 국가재난이나 테러에 대비해야 했고, 교육과 훈련은 늘 긴박한 순간을 전제로 시작됐다. 교육 내용은 누군가의 삶 혹은 죽음과 닿아 있었다. 슬라이드를 넘길 때마다 내 말들이 적절한 순간에 쓰일 수 있기를 바랐다. 그렇게 말의 무게는 조금씩 더해졌다.

나는 본래 말이 많은 사람이 아니었다. MBTI 검사에서는 늘 외향형(E)이었지만 강의가 끝난 날이면 입을 닫고 침묵 속으로 숨어들고 싶었다. 말은 내 일이었지만 동시에 많은 에너지를 소모했다. 언어는 공중에 흩어져도 그 무게는 남았다. 경험이 쌓일수록 말하는 것은 더욱 조심스러워졌다. 사라졌다고 여긴 말이 누군가의 기억 속에 여전히 살아 있을지도 모른다는 생각은 나를 긴장시켰다.

강의 현장은 늘 시험장이었다. 매번 다른 청중 앞에서 그들에게 맞는 언어를 찾아야 했다. 유치원 교직원과 아이들에게 응급처치를 가르칠 때는 눈높이를 고려해 용어 하나하나까지 고민했다. 전역을 앞둔 교육생을 대상으로 하는 교육은 더욱 까다로웠다. 그들은 강의보다 뒤풀이를 기다리고 있었고 시선은 시계에 가 있었다. 속으로 물었다. '어떻게

해야 이들이 귀를 기울일까?'

무대가 나를 긴장하게 했다면 상담은 또 다른 방식으로 나를 지치게 했다. 많은 사람을 상담할 때면 하루에도 수십 번 같은 문장을 반복해서 말해야 했다. 정신을 차리고 보면 기계처럼 말하고 있는 나를 발견하곤 했다. 그러다 어느 내담자가 "정말 제가 할 수 있을까요?" 하고 물을 때면 나는 몸을 고쳐 앉아 목을 가다듬었다. 마음을 모아 다시 말했다. 그 말이 그에게 다시 시작할 용기를 주길 바라는 마음으로.

내 말이 사람을 살리는 값진 경험을 하기도 했다. 심정지로 쓰러진 동료를 심폐소생술로 살려냈다고 연락해 온 교육생이 있었다. 그는 부대장 표창까지 받았다며 감사 인사를 전했다. 수박이 목에 걸려 숨이 막힌 아이를 구했다는 연락도 받았다. 아이의 아버지는 내게 배운 기도폐쇄 응급처치 덕분에 아이를 구할 수 있었다고 했다. 그때 깨달았다. 말은 단순한 정보 전달이 아니라 누군가의 생명을 붙잡는 손길이 될 수 있다는 것을.

수년간 일을 하며 나의 언어는 누군가의 삶을 살리는 데 쓰였다. 그러나 바쁜 일상 속에서 정작 내 마음의 목소리를 꺼내는 일은 점점 줄어들었다. 일을 그만두고 육아를 시작하면서 비로소 내 언어를 다시 들여다보게 되었다. 아이들은 스펀지처럼 어른들의 말투와 단어를 고스란히 흡수한다. 무심코 던진 말이 아이의 입을 통해 되돌아올 때면 나는 내 언어를, 그리고 그 말속에 담긴 나 자신을 다시 돌아보게 된다.

두 아이를 돌보는 생활은 늘 예측이 어려웠다. 한 아이가 아프면 며칠 뒤 다른 아이가 연달아 아프곤 했다. 짧게는 일주일, 길게는 보름 가까이 갑작스러운 가정 보육이 이어졌다. 남편은 늦은 퇴근과 주말 근무로 함께하기 어려웠다. 아이들이 어린이집을 다니기 시작하면 새로운 일을 해 보고 싶은 생각도 있었지만 불규칙한 일상은 나의 발목을 붙잡았다. 아직은 아이들에게 더 집중하고 싶다는 마음도 있었다. 그렇게 일은 잠시 미뤄두기로 했다. 하지만 글쓰기는 달랐다. 아이 학원 앞에서 하원을 기다리는 시간이나, 아이들이 잠든 밤이면 짧은 틈을 내어 펜을 들었다. 등 하원 길 운전 중에도 떠오르는 말을 음성으로 남겼다. 글쓰기는 많은 시간을 빼앗지 않으면서도 육아와 나 사이의 간격을 조용히 메워 주었다. 쌓여가는 문장들 속에서 나는 조금씩 나의 내면의 목소리를 알아보기 시작했다.

일을 그만두면 고요가 찾아올 줄 알았지만, 육아는 오히려 더 많은 말을 요구했다. 아이들은 하루에도 수십 번 "왜?" 하고 물었고, 그때마다 나는 이유를 찾아 설명했다. 말을 너무 많이 쏟아낸 날이면 남편에게 농담처럼 웃으며 말했다. "절에 가서 묵언 수행을 좀 하면 좋겠어." 모두가 잠든 깊은 밤, 조명을 낮추고 조용히 앉아 글을 쓸 때면 그 바람이 조금은 이루어진 듯했다. **입을 꼭 다문 채 단어를 하나씩 적어 내려가는 순간, 깊은 침묵 속에서 오히려 내 목소리가 선명해졌다.**

타인을 향해 흘려보내던 말이 나를 지치게 했다면 글은 달랐다. 한 글자 한 글자 고민하며 마음을 담아야 한다는 부담이 있지만, 그만큼 내면을 더 정성스럽게 들여다보게 했다. 즉흥적으로 내뱉던 말과 달리, 글은 나를 조심스럽게 드러내는 방식이 되었다. 글쓰기는 어느새 나를 숨 쉬게 하는 작은 통로가 되었다. 예전에는 누군가의 생명을 살리기 위해, 누군가를 변화시키기 위해 말을 했다. 이제는 나를 이해하기 위해 언어를 꺼낸다.

말은 오랫동안 나의 일이었다. 이제는 나를 위한 언어를 찾고 싶다.

삶이 말이 되는 질문

Q 오늘 밤, 당신만을 위한 문장을 써 보는 건 어떨까요?

5

잘 말하는 비결, 질문에 답하다

이 다 인

군에서 전역하고 사회로 나오니 세상은 끝없이 막막했다. 어깨 위에 붙었던 계급장이 떨어지자, 내가 누구인지 설명하는 일조차 버거웠다. 할 줄 아는 게 뭐냐는 질문 앞에서 멋쩍은 웃음만 지었다. 그때 나를 오래 지켜본 친구가 말했다.

"넌 말 잘하잖아. 네가 말하면 홀리더라. 강사 한번 해 봐."

가벼운 조언이었는데 이상하게 마음에 꽂혔다. 특별한 계획이 있었던 건 아니다. 막연히 말만 잘하면 강의도 잘하겠다는 순진한 기대를 했다. 마침, 한 간호대학에서 '취업과 진로' 특강 요청이 들어왔다. 1시간짜리 강의였다. '그 정도는 할 수 있겠지?' 싶은 마음으로 수락했다. 컴퓨터를 켜 빈 슬라이드를 열었다. 거기에서 한 장도 채우지 못한 채 밤을 새웠다. 결국 인터넷을 뒤지다 멋진 PPT 교안을 발견하고 구매했다. 그 비슷한 내용으로 강의를 준비했다. 훌륭한 선생님의 옷을 빌려 입은 듯, 보기엔 그럴듯했지만 도무지 편하지 않았다. 그날 깨달았다. 말을 잘한다고 해서 강의를 잘하는 건 아니구나. '말 잘하는 강사'가 아니라 '잘 말하는 강사'가 되려면, 남의 말이 아니라 내 말로 강의를 구성해야 한다고 다짐했다.

 나는 그동안 말을 잘하는 사람으로 통했다. 농담을 섞어 분위기를 띄우고, 유창하게 발표하며, 다양한 경험담으로 청중의 시선을 사로잡았다. 사람들은 나에게 말을 참 잘한다고 했다. 여기서 말을 잘한다는 칭찬은 '말하는 기술' 자체를 의미한다. 발음, 억양, 말투, 표정, 제스처 등을 활용해 청중의 흥미를 끌고, 유창하게 막힘없이 이야기하는 능력 말이다. 나 역시 그런 기술로 인정받았다. 하지만 강의는 달랐다. 하고 싶은 말이 많아도 핵심만 전달해야 했다. 교육생들 상황을 고려해야 하고 한 사람 한 사람 모두 존중받는 강의를 해야 했다. 내가 하고 싶은 말이 아니라 그들이 원하는 것을 전해야 했다. 그래서 잘 말하는 게 중요했다. 그러나 '잘 말한다.'는 단순히 화술이 좋다는 뜻이 아니다. 전달하려는 메시지를 효과적으로 전달하는 능력을 뜻한다. 복잡한 내용을 쉽게 풀어 설명하고, 적절한 예시와 비유, 스토리텔링을 곁들여 청중의 이해를 도와야 한다. 또한 청중의 수준과 상황에 맞게 메시지를 구조화하여 끝까지 집중하게 만드는 것이야말로 진정 '잘 말하는 것'이다. 베끼듯 강의한 그날 이후 잘 말하는 사람이 되고 싶었다. 청중의 마음속에 오래 남아 다시 꺼내 쓰게 만드는 그런 강의를 하고 싶었다.

말을 잘하는 사람에서 '잘 말하는 강사'가 되는 방법을 찾은 계기는 우연한 사건부터 시작된다. 초보티를 벗지 못한 1년 차 강사 시절, 한 고등학교에서 AI 면접 특강 요청이 들어왔다. 당시 나는 AI 면접이 뭔지도 몰랐다. 거절하려 했지만, 담당 선생님은 그냥 배워서라도 알려 달라며 재차 요청했다. 까짓것 배워서 남 주자는 마음으로 뛰어들었지만, 결과는 참담했다. 학생들의 질문에 대답하지 못해 버벅댔고 PPT 내용은 실제로 도움 되지 않는 이론으로만 가득했다. 강의를 마치고 돌아오는 길에서 속으로 중얼거렸다.

"나는 강의를 하면 안 되는구나. 소질이 없어."

당시 나는 무료 취업·진로 교육 오픈 채팅방을 운영하며 정보를 나누고 있었다. 참가비는 받지 않았다. 내가 아는 정보를 세상에 도움이 되도록 나누고 싶은 마음이었다. 강의에 다섯 명이 모이든, 한 명이 오든 상관없었다. 한 명이 와도 무료 강의를 했다. 그리고 나는 처음으로 진짜 현실과 마주했다. 내일 당장 면접을 봐야 하는데 자기소개를 어떻게 시작할지 답답한 지원자들이었다. AI 면접에서 어디를 보고 말해야 하는지 같은 시시콜콜한 이야기를 궁금해했다. 그들이 원하는 것은 지금 당장 내가 알고 싶은 정보였다. 나는 그 질문들을 모았다. 질문에 답하기 위해 공부했다. 논문을 뒤지고, 전문가에게 전화를 걸고, 밤을 새웠다. 질문을 바탕으로 교안을 다시 짰다. 그렇게 구성한 강의는 이전과 비교도 되지 않을 만큼 반응이 좋았다. 내가 하는 강의를 더 듣고 싶어 했다. 질문은 더 쏟아졌다. 학생들은 더 자주 연락했다. 나는 질문 속에서 사람들의 진짜 고민을 보았고, 그 고민에 답하는 강의는 살아 움직이기 시작했다. 어느새 다른 강사들이 내 교안을 사 갔다. **질문에서 태어난 강의가 콘텐츠가 되었고, 콘텐츠는 곧 가치가 되었다. 질문이 내 강의를 살렸고, 질문이 나를 성장시켰다.**

질문의 힘을 깨닫게 되자 새로운 콘텐츠를 준비할 때 더 이상 두렵지 않았다. 산업안전 보건교육을 요청받고, 현직자들이 모인 오픈 채팅방에 들어가 현장의 생생한 질문들을 모아 교안을 짰다. 보건관리자라고 해서 간호사 출신만 있는 건 아니었다. 산업 위생 기사 같은 다른 전문직이 있어서 의료와 관련된 내용은 유독 어려워했다. 상처 치료를 어떻게 하면 되는지, 감염병 격리는 어떻게 하면 좋은지, 화상을 입으면 얼음찜질해도 되는지, 직원 건강 검진 결과를 어떻게 활용해야 하는지 같은 보건교육 의료지식이 부족해서 고민이라고 했다. 교재에는 잘 나오지 않는 문제들, 그러나 현장에서 당장 마주치는 현실적인 고민이었다. 나는 그 질문들을 하나하나 모아 교안에 반영했다. 나는 그렇게 이쯤이면 이 질문이 나오겠지, 하는 내용을 미리 준비해 놓고 질문이 나오자마자 마술처럼 꺼내 보였다. 청중은 웃음을 터뜨리기도 하고 감탄하기도 했다. 난감한 질문일수록 강의를 살아 있게 하는 불씨가 됐다. 현실에서 바로 건져 올린 질문이 답을 명확하게 만들었고, '롱런하는 강의'가 되었다.

질문은 곧 그들의 고민 그 자체라고 생각한다. 하루는 교육 담당자가 강의 중간에 사진을 언제 찍으면 좋을지 고민하는 모습을 보았다. 대화를 나눠 보니, 쌓인 업무를 두고 교육장에 왔는데 사진을 찍어야 하는 타이밍이 부담된다는 것이었다. 나는 그 순간, '이것 또한 질문이구나' 하고 알아챘다. 말로 하지 않아도, 그들의 고민이 나에게 말을 걸고 있었다. 그날 이후 나는 이렇게 한다. 만약 심폐소생술 실습이 마지막 부분에 있더라도, 강의 시작 때 실습 모형을 보여 주고 "오늘은 이렇게 배울 겁니다!"며 먼저 시연을 한다. 참가자들이 일어나 스트레칭을 하거나, 서로를 향해 박수치도록 아이스 브레이킹을 한다. 그러면서 담당자에게 이 순간을 사진으로 남길 수 있도록 선명한 멘트를 남긴다. 프레젠테이션 제목 장표나 강사 소개 장표를 열어 두고 사진을 찍을 수 있도록 적절한 시간을 확보해 포즈를 취한다. 그 사이 담당자는 미리 필요한 사진을 찍는다. 이 모든 것은 그들의 고민을 반영한 설계된 순간이다. 그렇게 의도된 반전이 있는 강의를 하면, 강의장은 금세 웃음으로 가득 차고 긴장이 풀린다. 그게 진짜 강의다.

　처음엔 말을 잘하는 강사가 되고 싶었다. 그런데 강의는 잘 말하는 능력이 훨씬 중요했다. 잘 말하는 강사는 질문을 두려워하지 않는다. 오히려 질문이 기다려져야 한다. 그리고 그 질문을 찾기도 한다. **질문은 위협이 아니라 기회이고, 질문은 두려움이 아니라 가능성이다.** 질문은 비판이나 심판이 아니고 초대의 언어이다. 오늘도 나는 강의실에 앉아 누군가 수줍게 손을 들기를 기다린다. 그 손끝에서 시작된 질문 하나가 내게는 또 하나의 반전을 안겨 줄 테니까.

> 삶이 말이 되는 질문
> **Q** 당신은 오늘 어떤 질문으로 세상과 대화하고 있나요?

6
떨린다, 나만의 언어로 전한다

이순영

세상엔 말 잘하는 사람들이 정말 많다. 유튜브 채널에는 똑똑하고 말솜씨 좋은 사람들이 넘쳐난다. 요즘엔 대부분의 강의를 유튜브로 듣는데, 분야별 최고 전문가의 강의를 손쉽게 들을 수 있어 좋다. 그들의 박식함과 말솜씨를 볼 때면, 나는 절대 말로 먹고살아선 안 되겠다는 생각이 들곤 한다.

나는 예전부터 사람들 앞에 서는 것이 힘들고 부담스러웠다. 특별히 내세워 말할 거리도 없고, 잘 전달할 자신도 없었다. 하지만 아이러니하게도 군 생활 내내 사람들 앞에 서는 일이 많았고, 발표나 강의는 피할 수 없었다. 유독 그러한 업무를 자주 맡곤 했다. 그때마다 고역이었다. 나는 퇴직 후 좋아하고 잘하는 일만 하며 살게 될 줄 알았다. 그런데 지금 나는 코칭과 강의를 하며 지낸다. 결국 좋아하지도, 잘하지도 않는 말하기를 하며 살고 있다. 이래서 인생은 살아 보기 전까지는 모른다고 하나 보다. 퇴직 후 나는 '선(善)한 영향력'을 주는 삶을 꿈꾸었다. 영향력이란 마음을 움직여 누군가의 삶에 긍정적인 변화를 일으키는 일이다. 영향력은 존재나 태도만으로도 생길 수 있지만, 결국 말이라는 도구 없이는 실현되기 어렵다. 나는 누군가에게 도움이 되고 싶어 기꺼이 두렵고 어려운 일을 하기로 선택했다.

초등학교 시절, 나는 존재감 없는 아이였다. 고학년이 되어 학업 성적이 오르자 선생님과 반 아이들은 내가 반장이 되어야 한다고 생각했다. 지금도 그렇지만 그 당시엔 성적이 모든 판단의 척도였다. 결국 나는 검증되지 않은 리더십으로 반장이 되었다. 말주변이 없어 학기 내내 힘들었다. 선생님 말씀을 급우들에게 전달하거나 학급 회의를 진행하는 것이 고역이었다. 시간이 지나면서 조금씩 익숙해졌지만, 어떤 상황에서든 내 생각을 말로 전하는 것은 여전히 힘들었다. 여러 번 연습해도 막상 사람들 앞에 서면 머릿속이 백지가 되었다. 심호흡도 해 봤는데 별 도움이 안 되었다.

피는 못 속인다고 딸아이도 사람들 앞에 나서는 것을 힘들어했다. 그래서 초등학교 내내 학급 임원 한번 해 본 적이 없다. 한 번은 리더십을 키울 겸 학급 임원을 자원해 보라고 권했더니 귀찮다면서 극구 거부했다. 지나고 보니 아이들 앞에 서기 두려웠던 게 아니었을까 싶다. 아이가 초등학교 3학년 때 일이다. 수학여행 중 같은 반 여자아이들이 단체로 댄스 공연을 준비했고, 딸아이는 그 팀을 소개하는 역할을 맡았다. 수학여행 전날, 저녁을 먹고 자기 방으로 들어간 아이가 한참을 나오지 않았다. 아이 혼자 방 안에서 무엇을 하는지 궁금하고 여행 짐도 챙겨야 해서 방문을 열어 보았다. 아이는 인형들을 나란히 앉혀 놓고 댄스팀 소개를 연습하고 있었다. 소개 문구는 딱 세 마디였는데 한 시간 넘게 연습한 것이다. 한번 해 보라고 했더니 아직 준비가 덜 됐다며 30분을 더 연습하고서야 시연을 보였다. 두 손을 모아 쥔 채 상기된 얼굴로 떨며 세 마디를 또박또박 내뱉던 아이가 귀엽기도 했지만 안쓰러웠다. '왜 하필 이런 걸 닮은 걸까?' 속상하기도 했다. 수학여행에서 돌아온 아이는 댄스팀 소개를 무사히 마친 자신의 '작은 성공' 경험에 흥분해 있었다. 단 세 마디를 한 시간 반에 걸쳐 반복 연습한 근성과 두렵지만 참고 임무를 완수해 낸 용기에 박수를 보냈다. 아이는 그 순간을 영원히 잊지 못할 것이다. 나 또한 그렇다.

현역 시절, 나는 발표나 강의로 나름 인정받고 성과도 냈었다. 그럭저럭 해냈던 일들이 왜 지금 문제가 되는 것일까? 퇴직 후 계급과 직책, 경력의 후광이 사라졌고, 군에서 통하던 것이 더 이상 통하지 않을지도 몰라 불안했기 때문이다. 물론 외부 환경도 달라졌다. 하라고 해서 하는 게 아닌, 자발적으로 무대에 서는 지금, 결과에 대한 부담이 더 커졌다.

나 자신을 '새내기 사회인'이라고 부르며, 처음부터 다시 시작하기로 했다. 강사와 코치로서 나의 정체성을 새롭게 정의했다. 과거에 이룬 것들을 내려놓고 스스로 신참임을 받아들였다.

그렇다면 어떻게 해야 잘할 수 있을까? 나는 그 답을 딸아이에게서 찾았다. 단 세 문장을 한 시간 반 넘게 반복 연습했던 근성, 그 마음가짐이 내게도 필요하다.

탁구 선수 출신인 친구가 하나 있는데, 그 친구는 무엇이든 '100번이 기본'이라고 한다. 그래서 그 친구 사전에는 실패나 포기가 없다. 일단 기본으로 100번을 시도해 보고, 100번 해도 안 되면 다시 100번을 시작한다. 세상에 그러고도 안 되는 일이 있을까? 나는 아직 100번을 해 보지 않았다. "나는 못 해."하고 말할 수는 없다. 그래서 나도 반복 연습을 시작하기로 했다.

나에겐 사람들 앞에 설 기회가 많았다. 다행히 피하지 않았다. 그러면서 두려움을 마주하는 법을 익혔다. 그것은 특별한 비결이 아니라 두렵지만 그냥 시작하고 버티는 용기였다. 그러다 보면 어느 순간 긴장감을 잊고 진실한 나로 우뚝 선 자신을 발견하게 된다. 결국 사람들 앞에 선다는 것은 자신을 있는 그대로 받아들이고 드러내는 과정이다. 그렇다면 나는 왜 사람들 앞에 서는 것을 주저하는가? 완벽해 보이고 싶고 부족함을 들키고 싶지 않기 때문이다. 어차피 완벽한 사람은 없다. 사람들은 완벽함보다 진정성에 더 공감한다. 떨리는 목소리, 부족해도 솔직한 모습, 사람들과 연결되고자 하는 진심이 결국 마음을 움직인다. 내게 필요한 건 사람들 앞에 서는 연습이 아니라, 바로 자신을 받아들이는 연습이다.

내가 받아들인 내 모습만이 누군가에게 닿을 수 있다. 사람들의 시선보다, 나만의 언어와 이야기에 집중하기로 했다. 성공의 순간뿐 아니라 실패와 상처, 흔들림까지도 꺼내 놓을 때, 그 이야기는 비로소 내 것이 된다. 그래야 누군가에게 다가가 울림을 줄 수 있다.

숨기고 싶었던 이야기를 풀어낼 때 나 스스로 해방감을 얻고 청중에겐 위로를 전할 수 있다.

나만의 언어, 화려하거나 똑똑해 보이려 애쓸 필요도 없다.

단순하지만 일관된 메시지, 내 삶과 일치된 톤이 더 긴 여운을 남긴다.

나는 여전히 떨린다. 그러나 이제는 안다. 떨리는 목소리로도 말할 수 있고, 서툰 표현으로도 충분히 전할 수 있다는 것을. 그 안에 진심이 있다면, 그것이 누군가에게 닿을 수 있다는 것을.

> **삶이 말이 되는 질문**
>
> **Q** 당신을 두렵게 하는 건 무엇인가요?
> 두렵고 떨리지만, 당신만의 목소리로 들려주고 싶은 당신만의 이야기는 무엇인가요?

7

배우고 말하며 연결하다

장 정 현

말하기는 단순히 목소리를 내는 행위가 아니다. **말은 마음과 마음을 이어 주는 다리이자 서로의 삶을 연결하는 길이 되기도 한다.**

초등학교 6학년 2학기에 나는 개교 이래 최초의 여자 전교 어린이회장이 되었다. 선거를 앞두고 연설문을 직접 쓰고 거울 앞에서 수십 번 연습했던 기억이 생생하다. 연단에 섰을 때 다리가 떨리고 손에 땀이 났지만, 연습 덕분에 막힘없이 또렷한 목소리로 말했다. 많은 사람 앞에서 내 생각과 포부를 말할 수 있어 벅찼다. 연설이 끝나자, 선생님께서 내 연설에 힘이 실려 있다며 커서 국회의원이 되라고 격려해 주셨다. 생각을 말로 전달할 때 힘을 실으려면 진심을 담아 말할 내용을 준비하고 연습해야 한다는 걸 깨달았다. 선생님의 말씀은 어린 내게 꿈의 씨앗이 되었다. 말하기 실력은 그 꿈의 실현 가능성을 키워 주는 힘이라고 생각했다.

중학교에 들어가 첫 국어 시간에 있었던 일이다. 돌아가며 교과서를 읽는 시간, 선생님께서 내 목소리와 발음이 분명하여 전달력이 좋다며 아나운서를 해도 좋겠다고 칭찬하셨다. 국회의원에 이어 아나운서라는 또 다른 꿈을 가지게 된 계기였다. 내 생각을 전달하는 말하기는 설득의 힘이 있다. 반면 낭독은 분명한 발음과 목소리만으로도 주의를 집중시키고 전달하는 힘이 있다는 것을 알게 되었다.

사관학교를 졸업하고 정신과 주특기 교육을 받게 되면서 말의 또 다른 힘을 경험할 수 있었다. 환자와 하는 면담은 단순한 대화가 아니다. 질문과 대답이 오가는 동안 생각하는 과정에서도 치유가 일어나기도 한다. 환자와의 첫 면담은 특히 어떤 말을 하더라도 안전하다고 느낄 수 있도록 신뢰부터 형성해야 했다. 증상을 확인하는 질문은 단어 하나도 신중히 선택해야 한다. 자칫 감정을 무시하거나 차갑게 들리면 마음을 닫아 버릴 수 있다. 같은 질문을 여러 방식으로 바꾸어 연습했고 말끝의 높낮이와 속도도 점검하며 수정했다. 환자의 눈빛과 표정, 손끝의 떨림까지 살피며 마음에 닿을 수 있는 단어를 고르다 보면, 닫힌 마음이 조금씩 열리기도 했다. 정신과적 면담에서는 상대방의 마음을 헤아리고 반응을 살피는 태도가 치료적 관계를 형성하고 유지하는 데 중요하다. 환자의 어려움을 제대로 파악하여 회복할 수 있도록 치료적 도움을 주려는 의도를 잘 전달하는 능력이 무엇보다 필요했다.

교사로 근무하면서도 말하기의 힘을 확인할 수 있다. 수업에 몰두하다 보면 내 말이 빨라질 때가 있다. 학생들의 표정이 굳는 순간, 말의 속도를 줄이고 한 사람씩 눈을 맞춘다. 목소리를 낮추고 미소를 지으면 굳어 있던 분위기는 단번에 풀리기도 한다. 학생들과 호흡을 맞추는 말이 수업 분위기를 살려낸다. 침묵하는 것이 집중하라고 소리치는 것보다 더 큰 힘을 발휘하기도 한다. 말의 속도를 조절하고 반응을 기다릴 줄 아는 태도도 교사로서 갖춰야 할 기술이다. 언어뿐 아니라 비언어적 기술도 소통에 중요한 역할을 하기 때문이다.

내 삶에서 말하기 관점이 크게 바뀐 계기는 비폭력 대화를 접하고 나서였다. 이전에는 말할 때 단어를 가려서 쓰고 상대방의 반응을 살펴 상황에 맞게 조절하는 정도의 기술만 사용했다. 그러나 지금은 감정을 솔직하게 표현하고 부탁과 거절을 분명히 말하는 것이 중요하다는 것도 안다. 아이를 혼자 양육하다 보니 갑자기 일이 생기거나 업무 출장이 잡히면 언니나 아들 친구 엄마에게 도움을 요청할 때가 있다. 부탁할 때마다 아주 힘들었다. 먹을 거라도 사 가는 것으로 불편한 마음을 덜어 보려 해도 영 마음이 무거웠다. 부탁하는 사람은 약자라는 생각에 을이 되고 싶지 않은 마음도 있었다. '부탁은 감사할 기회를 상대방에게 선물하는 것'이라는 책의 한 구절은 내게 큰 위로가 되었다. 비폭력 대화 수업 때 사례를 나누고 불편했던 상황과 무거운 마음을 표현했더니 인생 선배들의 조언이 이어졌다. 부탁하는 게 망설여졌지만, 말하고 나면 상대가 기꺼이 들어주는 경우도 많았다. 결과를 예측하지 않고 솔직히 표현하며 결과를 수용하는 태도는 관계를 편안하게 만들었다. 특히 부탁을 들어주었을 때는 진심을 담아 감사의 마음을 충분히 전하면 관계는 더욱 단단해졌다. 혹시나 거절당해도 나에 대한 거절이 아니라 상대방의 사정에 의한 것이라는 걸 알기 때문에 기분까지 상하지는 않았다. 또 다른 해결책을 고민하고 행동으로 시도하면 그만이기 때문이다. 불필요한 감정 낭비가 없으니 무겁던 마음도 한결 가벼워졌다.

엄마를 따라다니며 어린이 비폭력 수업도 듣고 어깨 너머로 줌 강의도 함께 들었던 아들은 가끔 깨달음을 주는 선생님이 된다.

"엄마, 그건 나를 판단 평가하는 말이잖아. 그렇게 말하는 건 아닌 것 같아."

그럴 때면 얼굴이 화끈거리고 감정의 폭주를 막을 수 있게 제동을 걸어 주는 아들이 고맙기도 하다.

부부 사이에서 말은 특히 의미가 자주 왜곡되고 부딪히기 쉽다. 그럴 의도가 아니었는데 결국 말싸움이 감정싸움으로 번져 일이 커지기도 한다.

"말로 해야 알지."

"살아온 세월이 얼만데 굳이 말로 해야 알아?"

같은 단어를 쓰면서도 서로 다르게 해석하며 갈등이 깊어지기도 한다. 그럴 때는 의도와 내 바람을 구체적으로 설명해야 한다. 요청할 부분을 설명하고 상대의 요구도 경청해야 한다. 때로 대화가 격해질 때는 잠시 침묵하고 숨 고르는 시간을 가진다. 잠시 멈출 때 다시 연결할 실마리를 찾을 수 있다. 말은 의도와 요구를 분명히 할수록 오해를 줄일 수 있기 마련이다.

말은 관심과 사랑을 주고받는 소통의 도구다. 말을 잘하면 서로의 삶을 응원하는 힘이 되기도 하지만 말 한 번 잘못하면 금방 관계가 깨질 수도 있다. **상대의 마음을 존중하며 진심을 담아 말할 때 우리는 서로의 삶을 더 깊이 이해할 수 있다. 때로는 웃음을, 때로는 위로를, 때로는 용기를 건네는 말이 서로를 지켜 주는 힘이다.** 마음을 이어 주는 말은 서로의 삶을 더 따뜻하고 풍요롭게 만들고 정이 오가는 통로가 된다.

> **삶이 말이 되는 질문**
> **Q** 내게 가장 힘이 되는 말과 상처가 되는 말은 무엇인가요?

5장

숨쉬다 : 발걸음을 멈추고

꽉 찬 시간표대로 하는 여행도 나름의 의미가 있다. 촘촘한 일정과 자신의 위치가 톱니바퀴처럼 맞물려 굴러갈 때 느끼는 희열도 있다. 하지만 모래 알갱이 하나에도 멈추거나 어긋날 수 있는 톱니바퀴보다는 조금 엉성하게 맞물리는 모양새도 나쁘지 않을 것 같다. 그 엉성함 사이사이야말로 온전한 쉼과 진정한 깨달음이 스며들 수 있는 공간이 아닐까?

1
즐거운 활동으로 나를 깨우다

나정순

한 달에 5일 정도는 집을 떠나 있어야겠다고 생각했다. 이렇게 좋은 순간을 만날 수 있다니! 전주로 향하는 고속도로 위에서 차를 몰며 긴 호흡을 내쉬었다. 가슴이 트이고 마음이 한결 느긋해졌다. 고개를 들어 하늘을 바라보니 동화 같은 구름 세상이 펼쳐져 있었다. 요거트 아이스크림을 국자로 크게 뜬 듯 시원한 구름도 있고 솜사탕처럼 몽글몽글 피어오르는 형태도 있다. 무엇보다 산 위로 떠오른 커다란 뭉게구름이 내 마음을 사로잡았다. 구름 위에 몸을 뉘어도 하늘에 떠 있을 듯 부드럽고 포근해 보였다. 구름은 금세 흩어지고 사라지는 존재이지만 그날만큼은 운전하는 3시간 내내 나와 함께 있었다.

초등학교 시절 처음 쓴 시의 제목도 '구름'이었다. 구름이 양과 사자 모양으로 변신하여 길게 누워 있거나 장난치듯 노는 모습을 시로 썼다. 선생님은 시를 칭찬하시며 구름 그림을 그려 주셨고 작품은 학교 복도에 전시되었다. 어린 내게는 구름이 단순한 자연 현상이 아니라 끝없는 상상이자 시의 원천이었다. 훗날 '구름감상협회'라는 모임이 있다는 이야기를 들었을 때도 고개가 끄덕여졌다. 그들은 구름이 자연에서 가장 시적이고 역동적인 풍경이라고 말한다. 구름은 그저 바라보기만 해도 마음을 치유하는 명약이다.

내 마음에 즐거움을 안겨 주는 건 구름만이 아니다. 글쓰기와 문구류에 대한 특별한 사랑은 아버지로부터 배웠다. 아버지는 내가 초등학교에 입학하기 전부터 글자를 가르치셨다. 한글과 숫자를 알려 주고 시간이 날 때마다 한자를 쓰게 하셨다. 새로운 한자를 발견하면 나를 불러 세워 부수와 음과 뜻을 차근차근 설명해 주셨다. 아버지는 무슨 일이든 철저히 하셨고 글씨를 잘 쓰셨다. 동네 사람들은 그런 아버지를 두고 '유식한 양반'이라 불렀다. 어릴 적 나는 연필을 어설프게 잡았는데 아버지는 인내심 있게 여러 번 고쳐 잡게 하셨다. 아버지의 영향으로 초등학교에서 대학교에 이르기까지 해마다 우등상을 받을 수 있었다.

그런 아버지가 나를 난처하게 했던 일이 있다. 생도 1학년 어느 날 훈육 장교님이 나를 부르셨다. 아버지가 학교장님께 편지를 보내셨다고 했다. 집이 멀리 있으니 특별 외박을 자주 보내지 말라는 내용이었다. 집이 가까운 동기들은 자주 나가고 싶어 했는데 아버지는 오히려 반대의 편지를 보내셨다. 훈육 장교님은 내게 그 편지를 보여 주지는 않으셨지만 이렇게 덧붙이셨다. "아버님이 글씨를 정말 잘 쓰신다. 한자까지 곁들여 쓰신 필체가 멋있다." 그 말을 듣는 순간 아버지가 정말 나를 걱정해서 편지를 쓰셨을까, 자신의 필체와 교양을 드러내고 싶었던 건 아닐까 하는 의문이 스쳤다. 그날 이후로도 아버지의 글씨는 단순한 필체가 아니라 학문적 자존심과도 같은 이미지로 남았다.

그 영향은 지금까지 이어지고 있다. 나는 몰스킨 노트를 단순한 기록 도구가 아니라 품격 있는 벗처럼 여긴다. 고흐와 피카소와 헤밍웨이가 사용했다는 말을 들은 뒤 더 매료되었다. 올해도 세 개의 노트를 동시에 쓰고 있다. 핑크색 데일리 노트에는 새로운 아이디어를 기록한다. 회색 위클리 노트에는 일정과 계획을 정리하고 작은 초록 노트에는 감사 일기로 채운다. 펜촉이 종이를 스칠 때 들리는 사각사각 소리는 언제 들어도 마음을 설레게 한다. 몰스킨의 부드러운 감촉이 손바닥에 닿을 때마다 나도 예술가가 된 듯한 기분이 든다.

연필도 쉽게 고르지 않는다. 신한 터치 8B를 자주 쓴다. 힘을 들이지 않아도 진하게 써지고 지울 때도 말끔히 사라진다. 어느 시기에는 '1일 1그림'을 실천했다. 8B 연필로 스케치하고 펜으로 라인을 정리한 뒤 마커로 색을 입히면 완성이다. 그림을 그리는 삼십 분 남짓의 시간 동안 온전히 집중하게 되는데 그 몰입이 주는 만족감은 언제나 상상 이상이다. 8B 연필은 손에 쥐었을 때 균형이 잘 잡혀 있어 교육을 들을 때도 챙겨간다. 머릿속이 복잡할 때는 A4 용지를 꺼내 아홉 칸짜리 표를 그린다.

할 일을 하나하나 채워 넣는 동안 산만하던 생각이 가지런히 정리된다. 종이 위에 글씨를 새기는 순간이 나에게는 곧 숨 쉬는 시간이다. 연필을 사용할 때 꼭 필요한 친구인 파버 카스텔 연필깎이도 오래도록 곁에 있다. 작은 연필깎이를 돌려 뾰족하게 깎을 때마다 마음도 단정해지는 느낌이다.

  사람의 마음이 언제나 평온할 수는 없는 법. 어느 날은 잘 흘러가던 하루가 저녁 무렵 균열을 일으킨다. 친한 동료와 오랜 시간 전화로 대화를 나누었는데 갑자기 이야기를 끊어 버려 속상했던 날이었다. 가까운 친구에게 과제 피드백을 부탁했는데 바쁘다는 답을 들었다. 속상한 마음을 가족에게 털어놓으려 했더니 본인도 힘들다며 들어줄 힘이 없다고 했다. 마치 삼진 아웃을 당한 사람처럼 기운이 빠졌다. 그럴 때 작은 위안거리를 찾는다. 늦은 밤에 잼과 치즈를 듬뿍 올린 토스트를 구워 커피를 한 잔 내린다. 텔레비전 앞에 앉아 한입 베어 물며 '야식은 몸에 해로운 습관인데.'라고 생각한다. 유익하고 즐거운 활동을 해 보자. 펜을 잡고 몰스킨 노트에 칼 세이건의 『코스모스』를 천천히 필사한다. "코스모스를 정관(靜觀)하면 깊은 울림이 가슴으로 전해진다." 아름다운 문장을 손으로 눌러 쓰는 동안 마음이 차분해진다. 넓고 따뜻한 우주가 내 몸 안으로 스며드는 듯하다. 야식은 그만두어도 좋겠다.

나는 기분이 좋아지는 100여 가지의 즐거운 활동 목록을 가지고 있다. 하루 계획 쓰기, 골프 연습, 동네 카페에서 글쓰기, 새벽에 종이 신문 읽기, 동네 걷기, 전시회 그림 감상, 꽃집에서 화초를 들여다보기 등이다. 로즈메리 잎을 손끝으로 흔들며 향기를 맡으면 오감이 열린다. 나만의 버킷 리스트에 하고 싶은 일을 하나씩 추가하는 과정은 삶을 기대하게 만드는 즐거운 작업이다.

즐거운 활동 목록은 단순한 취미 나열이 아니다. 힘들 때마다 꺼내 쓸 수 있는 마음의 도구 상자이며 나와 함께 있는 유쾌한 친구와도 같다. **즐거운 활동은 에너지가 소진될 때나 외로울 때 다정하게 손을 내밀어 용기를 건네준다.** 심리치료 기법 가운데 하나인 다이어렉티컬 행동치료(DBT, Dialectical Behavior Therapy)에서도 감정 조절을 위해 즐거운 활동을 권한다. DBT는 감정에 휘둘리지 않고 마음을 다스리는 기술을 가르쳐 준다. 깊은 우울과 불안에 빠졌을 때 즐거운 활동을 하면서 자연스럽게 생각이 전환되고 에너지를 얻을 수 있다는 이론이다. DBT에서 소개하는 활동들은 특별하지 않다. 햇볕 아래 앉아 쉬기, 친구와 저녁을 함께 먹기, 음악 듣기, 그림 그리기, 여행 계획하기, 집에서 화초를 돌보는 일들이다. 어떤 활동은 시간과 비용이 약간 들지만 대부분은 지금 당장 시작할 수 있다. 사소해 보이는 이 작은 실천들이 마음의 방향을 바꾸고 불편한 감정을 부드럽게 흘려보낸다.

예상치 못한 상황에서 마음이 흔들릴 때 즐거운 활동 목록 중 하나를 꺼내어 실천해 보는 건 어떨까. 부정적인 감정을 애써 밀어내기보다 몸을 움직이는 작은 활동이 긴장을 풀어 준다. 호흡을 가다듬고 산책을 나서거나 짧은 여행을 떠나도 좋겠다. 즐거운 활동은 에너지를 올려주고 삶을 활기차게 만든다. 삶에 아무런 즐거움이 없다면 무슨 의미가 있겠는가. 즐거운 활동 목록을 100개쯤 만들기를 권한다. 즐거운 활동이 당신 안의 행복을 깨우는 시작이 되길 바란다.

삶이 말이 되는 질문

Q 당신의 마음을 회복시켜 주는 작은 즐거움은 무엇인가요?

2
숨 맡기는 삶, 문을 열다

방연주

쾅! 현관문 닫히는 소리가 유난히 크다 싶었는데 딸의 표정이 굳어 있었다.

"오늘이 무슨 날인지도 모르지?"
"미안, 엄마가 기억이 안 나. 오늘이 무슨 날이야?"
"몰라! 말하기 싫어."

다짜고짜 짜증 섞인 말투로 내뱉고는 자기 방으로 들어가 버렸다. 굳게 잠긴 문은 아무리 두드려도 열리지 않았다. 무슨 날인지 도무지 기억이 안 난다. 쉬는 날인데도 사무실에 나가봐야 했다. 서둘러 점심을 차리던 중이었다. 맥이 풀려 식탁 의자에 털썩 주저앉았다. 요란하게 울려대며 안전 문자가 도착했다.

'저녁부터 내일 오전까지 도 전역 많은 비'

우리 집에 드리운 먹구름이 지나가는 소나기가 아닐 수 있다는 생각이 들었다. 숨이 턱 막혔다. 방문과 함께 마음의 문도 닫아 버린 딸의 마음을 열 방법이 없었다. 때마침 남편이 들어왔다. 아이들과의 갈등이 있을 때면 늘 중재해 주는 그가 이번에도 잘 해결해 주길 바라며 점심을 준비했다. 지난주 가족 카톡방에서 내가 한 말을 기억 못 한 게 화근이었다. 가족 단톡방에 딸은 주중에 부리토를 먹으러 동탄에 가고 싶다고 했었다. 함께 가자고 내가 제안한 날짜가 바로 오늘이었다. 내가 정한 약속이었다. 모처럼 딸이 글을 올린 터라 반가웠다. 빠른 속도로 반응해 답한 것까지는 좋았는데 약속을 잊어버린 것이다. '그게 뭐라고. 어려운 일도 아닌데 어제라도 말하면 됐었잖아?'라는 생각이 정제되지 않고 입 밖으로 튀어나오려는 순간, 남편의 말이 내 입에 제동을 걸었다.

"다른 사람들 도와주는 것처럼 아이들 일에 신경 써 봐. 모처럼 한 약속인데 얼마나 서운했겠어? 다이어리에 적어 놓긴 한 거야?"

아이들 개학이 얼마 안 남았는데 방학 동안 1박 2일 휴가도 못 다녀왔다. N잡러인 나 때문이었다. 미안한 마음에 정한 약속인데 오히려 더 큰 상처를 준 것 같아 난처했다. 억울했다. '건수 제대로 잡았구먼.'이라는 생각에 얄밉기도 했다. 해소되지 않아 쌓인 상처를 생각하니 안쓰러웠다. 오락가락하는 마음을 추스르며 가족들의 눈치를 보았다. 숨죽이고 있는 나를 대신해 죄 없는 남편이 진땀 빼며 딸을 겨우 달랬다. 늦은 오후에 출발하기로 했다. 시계를 보며 빨리 해결되길 기다리던 마음을 접고 사무실 출근을 포기했다. 가족들에게 미안해서 불편한 마음으로 일하는 것보다 가족과 먼저 시간을 보내기로 했다. 밤샘 작업하기로 선택한 것이다. 마음이 편해졌다. 자신의 마음에 공감해 준 아빠의 사랑 덕분에 기분이 풀려 어느새 잠들었던 딸이 "일어나"라는 한마디에 벌떡 몸을 일으켰다. '이토록 가고 싶었구나.' 비가 많이 내릴 거라는 안전 문자가 또 왔다. 빗줄기는 문제가 될 수 없었다. 차에 올라타서 다시 한번 더 미안하다고 사과하니 그제야 받아 줬다. 남편이 운전하는 차를 타고 동탄으로 향했다. 숨통이 트였다. 가늘어진 빗줄기가 반가웠다. 나의 입술에서 조용히 노래가 흘러나왔다.

"오늘 집을 나서기 전 기도했나요. 앞이 캄캄할 때 기도, 잊지 마세요."

어린 시절 즐겨 부르던 노래가 문득 떠올랐다. 초등학교 입학할 때쯤 아버지께서 아침마다 틀어 주셨던 노래다. 학창 시절 언니 오빠가 있는 친구들이 부러웠었다. 첫째였던 나는 초등학교 입학부터 모든 게 낯설었는데 친구들은 자연스럽게 어깨너머 보고 배워 익숙했다. 나만 잘 모른다고 생각하니 걱정되었다. 어린 나이였지만 나름의 걱정과 근심이 있을 때 부르다 보면 편안해졌던 곡이다. 오늘 역시 복잡한 생각이 뒤엉

켜 막막했던 마음이 평온해졌다. 운전해 주는 남편 옆에 앉아 스마트폰을 이용해 악보를 검색했다. 전화벨이 울리지 않았더라면 아마 목적지까지 계속 불렀을지도 모르겠다.

"원장님, 조직 검사 결과가 암으로 나왔어요. 실습을 마치고 수술받고 싶은데 진료 예약이 한 달 뒤라 그때 되어 봐야 알 것 같아요. 원장님. 하나님께서 쉬라고 하시면 쉴 각오도 되어 있어요. 남편만 걱정하고 아이들은 '기도할게요.'라고 말하면서 걱정도 안 해요."

학원 수강생의 전화였다. 불안했을 텐데도 의연하고 담대했다. 모든 걸 중단해도 이상하지 않을 상황에서조차 평정심을 잃지 않았다. 미지는 두려움이다. 한 치 앞을 알 수 없기에 혼돈에 빠질 수 있다. '얼마나 두려울까?'라는 생각에 쉽게 위로를 전할 수 없었다. 말문이 막혔다. 지금 내가 할 수 있는 일을 떠올렸다. 나 역시 기도밖에 할 수 있는 것이 없어 기도하겠노라 말씀드렸다. 기도는 영적 호흡이라고 한다. 단 30초만 숨을 참아도 죽음의 공포를 경험하게 된다. 의식하지 않아 놓쳤던 호흡의 중요성, 기도의 힘을 그 수강생을 통해 다시금 깨닫는다.

생도 2학년 12월 중순에 엄마가 위암 진단을 받으셨다. 그해 기말고사를 어떤 정신에 치렀는지 모르겠다. 성탄절 전날, 예배만 드리고는 황급히 기숙사로 돌아와 혼자 있었다. 도저히 웃고 즐기는 자리에 앉아 있을 수 없었다. 기쁜 날인데 기뻐할 수 없었다. 그 당시 내가 엄마에게 할 수 있는 것이라곤 "엄마, 나는 괜찮아. 기도할게."가 최선이었다. 나에 대한 근심 걱정으로 엄마에게 아주 작은 짐이라도 더하고 싶지 않았기 때문이다. 아마도 그 수강생 아들, 딸도 나와 비슷하지 않을까? 오늘에서야 깨닫게 된다. 엄마를 힘들게 할까 봐 표현하지 못했던 내 마음이 엄마에게 전달되지 않아서 엄마가 서운하지는 않았을까? 속앓이하고 있는 모습이 보여 안타깝지는 않았을까?

어느새 빗길에 24km를 달려서 목적지에 도착했다. 엄마에 대한 그리움을 담아 사랑스러운 딸의 손을 꼭 잡았다. 따뜻한 온기가 전해진다. 엄마가 보고 싶다. 그리움이 커서 무너질까 봐 30년 넘게 하지 못했던 말을 해 본다.

"엄마, 보고 싶어요."

그제야 지난 시절, 엄마를 힘들게 하지 않으려 말을 아꼈던 딸로서의 나와, 지금 굳게 닫힌 딸의 마음을 바라보며 안타까웠던 엄마로서의 내가 하나로 연결되는 것을 느꼈다. 감당해야 할 일이 너무 많아 파묻힌 나머지, 가족의 작은 기대조차 제대로 헤아리지 못했다는 것을 반성했다. 삶의 소중한 순간은 결국 함께하는 순간 속에 있음을 깨닫는다. 가족과 보내는 시간, 서로를 이해하려는 마음, 작은 배려와 사랑이 바로 삶의 큰 축복임을 다시 한번 새겨본다.

"나는 정말 진심 어린 순간을 놓치고 있진 않은가?"

> **삶이 말이 되는 질문**
> **Q** 바쁜 하루 속, 사랑과 배려의 순간들을 흘려보내고 있진 않은가요?

3
자유로운 여행으로 온전히 숨쉬다

송주영

    단조로운 일상을 풍부하게 만드는 나만의 방법은 '상상'이다. 특히 어딘가로 여행을 떠나는 상상은 가성비 최고의 도파민이다. 먼저 최저가 항공권을 찾아 주는 앱을 연다. 출발일은 '언제든지', 도착 장소는 '어디든지'로 설정하고 '검색' 버튼을 누르면 예산에 맞는 도시를 취향에 따라 고를 수 있다. 어떤 날은 호주의 '퍼스'라는 도시가 가장 먼저 떴다. 그날 하루는 퍼스로 여행을 떠나본다. 퍼스는 호주 서부를 대표하는 도시라고 한다. 아름다운 자연과 화려한 도시가 공존하는 곳. 스완강 야경이 한눈에 보이는 숙소를 찾아 주요 관광지와의 거리를 계산해 본다. 렌터카가 좋을지 대중교통이 좋을지 찾다 보면 길도 대충 알게 된다. 캥거루 스테이크는 왠지 질길 것 같고 피시앤드칩스는 다소 투박할 것 같다. 상상의 풍선 주머니가 터질 듯 궁금증이 극에 달하면 실행에 옮길 준비를 한다. 정말로 떠나는 것이다. 머릿속으로만 그리던 공간이 현실이 되고 그것이 상상 이상으로 황홀할 때 그 짜릿함은 이루 말할 수 없다.

생애 첫 해외 여행지는 유럽이었다. 생도 2학년 때 동기들 사이에서 유럽 여행 붐이 일었다. 앞서 동기 다섯 명이 여행사를 끼고 에어텔 방식으로 유럽 5개국을 다녀왔다. 나도 유행에 탑승했다. 동기들이 다녀온 일정 그대로 단짝 동기와 단둘이 기세등등하게 런던으로 떠났다. 낯선 땅에 제대로 발이나 들여놓을 수 있을지 걱정도 됐지만, 무사히 다녀온 동기들의 경험담과 촘촘한 일정표가 곧 내 자신감이자 용기였다. 런던을 거쳐 파리, 로마, 피렌체, 인터라켄, 프랑크푸르트. 5개국 6개 도시를 12일 만에 돌고 오는 일정이었다. 한 도시에서 이틀도 채 있지 못하고 이동해야 하는 강행군이었다. 어느 한 곳에서라도 일정이 틀어지면 모든 계획이 뒤엉킬 게 뻔했다. 하지만 그런 변수는 내 계획에 없었다. 한 치의 오차도 용납되지 않던 우리의 계획은 두 번째 도시인 파리에 도착하자마자 댕강 엎어졌다. 당장 이틀 뒤 로마로 가는 기차표를 예매하려고 보니, 벌써 매진이라는 것이다. 얼굴이 하얗게 질렸다. 급히 공중전화로 여행사에 전화를 걸었지만, 영업시간이 지났는지 받지 않았다. 다시 매표창구를 찾아 재문의하던 찰나, 공중전화 옆에 두고 온 휴대전화가 생각났다. 급히 되돌아갔지만 내 휴대전화는 이미 없어진 뒤였다. 망연자실한 채 수화기를 들고 집에 전화를 걸었다. 아버지가 받으셨다.

"아빠, 나 어떡해요. 모레 로마로 가야 하는데 기차표가 없대요. 휴대전화도 잃어버렸어요."

울음이 터지고 말았다.

"아이고, 그랬구나. 딸, 괜찮아. 여행이란 원래 그런 거야. 계획대로 안 되면 안 되는 대로 그냥 부딪히면서 하는 거야. 표가 없으면 다음 날 가면 되지. 파리에 보고 싶은 거 많다고 했었지? 더 구경하면 되겠다."

눈물이 쏙 들어가고 정신이 들었다. 당장 매표소로 가 사흘 뒤 로마로 가는 기차표를 예매했다. 늘어난 시간을 어떻게 보낼지 여행 책자를 펴고 친구와 이야기 나누다 보니 힘이 나기 시작했다. 시간 여유가 생기니 베르사유 궁전도 갈 수 있고 센 강 유람선도 탈 수 있었다. 하루 반나절 정도만 늘어났을 뿐인데 파리의 낭만을 샅샅이 누린 듯했다. 여행은 계획대로 되지 않을 수 있다는 것, 그것이 여행의 묘미라는 걸 첫 해외여행에서 깨달았다. 지금도 6개 도시 중 가장 좋았던 곳을 꼽으라면 단연 '파리'다.

동생은 노르웨이의 소도시 '트론헤임'에서 오랜 기간 유학 생활을 했다. 홀로 어떻게 지내는지 궁금하기도 하고 걱정도 됐지만, 가족 중 누구도 그 멀고 먼 시골 마을까지 닿을 여유가 없었다. 그러던 차 남편 직장을 이유로 중동에서 1년 정도 살게 되면서 노르웨이와 부쩍 가까워졌다. 바레인에서 이스탄불을 경유하면 오슬로까지 비행기로 약 9시간 남짓이다. 한국에서 가면 20시간도 넘을 거리인데 그 정도면 코앞처럼 가까운 느낌이었다. 동생도 공부만 하느라 4년이 넘도록 주변을 여행해 본 적이 없다고 했다. 오슬로에서 다 같이 모여 하루를 머문 뒤, 서쪽 400km 떨어진 베르겐을 지나 다시 북쪽으로 600km를 달려 트론헤임으로 향하는 7일간의 여정을 계획했다. 그런데 이번 여행은 아무리 검색해 봐도 또렷하게 그림이 그려지지 않았다. 차를 타고 이동하는 것 자체가 여행이라는데 당장 눈앞에 무엇이 펼쳐질지 전혀 알 수 없었다.

"누나, 이번 여행은 크게 목적지가 없다고 생각하면 돼. 도중에 가다가 예쁜 거 보이면 서서 보고, 그러면서 다니자. 진짜 여행인 거야!"

부전자전인가 싶었다. 동생의 말에 나는 조금 불안을 덜었지만, 남편은 마뜩잖은 눈치였다. 직업 군인답게 시간 계획에 있어 칼 같기 때문이다. 운전대를 잡고 처남과 아내를 쳐다보는 그의 눈빛에 의구심이 가득했다. "출발!" 아이의 외침과 함께 여행이 시작되었다.

오슬로를 벗어나자 머지않아 신세계가 펼쳐졌다. 끝없이 이어지는 웅장한 피오르를 보며 모두 입을 다물지 못했다. 눈부시게 파란 호수 앞에 홀린 듯 차를 세웠다. 아이와 함께 돌 던지기 놀이를 했다. 호수가 어찌나 크고 깊은지 수면 위엔 물결이 먼지 한 톨만큼도 일지 않았다. 호수를 상대로 경기하듯 던지는 돌멩이 크기가 점점 커졌다. 동생이 머리만 한 바위를 던지며 장난스럽게 외쳤다. "그깟 박사가 뭐라고. 에잇!" 모두 깔깔깔 웃었다. 이내 그를 따라 각자 마음의 짐들을 던지기 시작했다. "영어가 뭐라고, 한국말이 최고지!", "물가 너무 비싼 거 아니냐고!", "김치찌개 먹고 싶다!" 모든 스트레스를 피오르 빙하 호수 아래 깊숙이 묻은 채, 가뿐한 마음으로 차에 올랐다. 우리의 고민은 대자연 앞에서 한 줌 바람일 뿐이었다.

한 시간도 채 안 되는 시간 동안 사계절을 만나기도 했다. 비가 내리다 무지개가 뜨고, 해가 났다가 함박눈이 쏟아졌다. 눈 덮인 산길을 지나던 중에 웬 펜스가 앞을 가로막았다. 문을 개방하는 시간이 정해져 있는 모양이었다. 그 험한 길을 오가며 시간 맞춰 문을 여닫는 사람이 있다는 게 신기했다. 평소 같으면 발을 동동 굴렀을 텐데 '에라 모르겠다. 누군가 곧 오겠지.' 하고 눈싸움을 시작했다. 장갑도 없이 시린 손을 비벼 가며 눈사람을 만들고 얇은 패딩 하나 걸친 채 눈밭 위를 데굴데굴 굴렀다. "아, 초콜릿 시럽 가져올걸. 눈 위에 뿌리면 초콜릿 빙수 되는데." 노르웨이의 눈은 워낙 깨끗해서 먹어도 된다는 거였다. 그때부터는 모두 입을 벌리고 눈을 먹기 시작했다. 혀끝으로 전해지는 얼음 조각에 입안이 상쾌했다. 그렇게 하루 또 하루, 꼬박 7일을 발길 닿는 대로 여행했다. 신들의 놀이터 같았던 보링포센 폭포, 새벽 아침 러닝메이트가 되어 준 프롬의 계곡물, 동생이 만들어 준 양고기 양배추 찜, 주홍빛 선명한 연어회, 통나무집에서 바라본 안개 낀 호수, 지구 밖에서도 보일 만큼 거대한 흑색 암벽, 비를 피해 뛰어 들어간 베르겐의 작은 카페와 따뜻한 코코아. 상상을 뒤엎는 순간순간을 마주할 때마다 가슴이 뛰는 것을 느꼈다.

꽉 찬 시간표대로 하는 여행도 나름의 의미가 있다. 촘촘한 일정과 자신의 위치가 톱니바퀴처럼 맞물려 굴러갈 때 느끼는 희열도 있다. 하지만 모래 알갱이 하나에도 멈추거나 어긋날 수 있는 톱니바퀴보다는 조금 엉성하게 맞물리는 모양새도 나쁘지 않을 것 같다. **그 엉성함 사이사이야말로 온전한 쉼과 진정한 깨달음이 스며들 수 있는 공간이 아닐까?** 우리네 인생처럼 말이다. 남편도 이제 여행을 계획하는 데 이전만큼 큰 공을 들이지 않는다.

"가는 날이랑 오는 날만 정확하면 되는 거지 뭐. 진정한 여행은 그런 거 아니겠어?"

부창부수인가 싶다. 덕분에 나의 수고로움이 조금 커지긴 했지만, 여행을 앞둔 그의 모습이 예전보다 한결 편안해 보인다. 우리의 다음 여행지는 어디일까? 시간은 언제든지, 장소는 어디든지. 일단 상상의 여행부터 시작해 보는 걸로.

> 삶이 말이 되는 질문
> **Q 온전한 쉼을 가져다준 여행이 있나요?**

4
숨을 고르다

심화정

운동은 오랫동안 내 삶의 일부였다. 학교에 다닐 땐 원하지 않아도 휴일을 제외하곤 매일 운동을 해야 했다. 졸업 후에 일을 시작하니 마음을 내지 않으면 운동할 기회가 없었다. 그러다 오랜만에 체력측정으로 3km 달리기를 하며 몸이 예전 같지 않음을 실감했다. 그때 처음으로 운동을 다시 시작해야겠다는 다짐을 했다. 하지만 훈련과 야근이 이어지는 날이면 헬스장의 불빛조차 보지 못하고 집으로 향하는 날이 많았다. 멈추지 않았다. 군인이라면 부끄럽지 않은 체력을 가져야 한다고 생각했고 강한 정신력은 단단한 체력에서 비롯되는 것이라고 믿었다.

퇴근 후 PT를 받던 어느 날 강사가 말했다.

"회원님, 숨 참지 마세요. 들숨에 올라가고 날숨에 내려갑니다. 호흡하세요."

그 한마디가 귀를 스치며 머릿속을 울렸다. 운동할 때뿐 아니라 평소에도 숨을 참으며 살아왔다는 사실을 깨달았다. 그 무렵 나는 몸도 마음도 지쳐 있었다. 새로운 프로젝트 전담(TF)팀에 배속되면서 근무지가 바뀌었고, 겨우 적응할 만하니 옮긴 지 7개월 만에 또 다른 부대로 이동해야 했다. 잦은 근무지 이동과 반복되는 이사, 주야간 훈련 참가로 몸은 긴장 속에 있었다. 새 환경과 업무에 적응할 즈음 또 다른 업무에 투입되었다. 다른 특기 장교들 및 해외 간호장교들과 함께 진행되는 합동훈련에서는 실수하지 않아야 한다는 생각으로 마음이 무거웠다. 그 시기 나에게는 숨을 고르고 마음을 내려놓을 시간이 필요했다.

그때 문득 학창 시절에 배웠던 다도가 떠올랐다. 근무지 근처 한국차문화협회를 검색해 무작정 운전대를 잡았다. 처음 들어선 공간은 낯설었지만, 은은한 차 향기에 둘러싸이자 오랜 친구를 만난 듯 마음이 편안해졌다. 물이 끓으며 주전자에서 피어오르는 희미한 수증기, 손끝에 전해지는 찻잔의 온기, '쪼르륵' 부드럽게 흘러내리는 차 소리까지. 차를 우리고 마시는 그 시간만큼은 세상이 온통 고요해지고 내 모든 감각은 차로 향했다. 그 몇 분간이 멈춰 있던 내 숨을 다시 쉬게 하는 선물이 되었다.

집에서도, 회사 휴게실에서도 다구를 꺼내기 시작했다. 공간은 중요하지 않았다. 차를 따르고 향을 음미하는 동안 그곳은 나에게 안식처가 되었다. 찻자리를 만들고 차 예절을 익히는 동안 복잡한 생각은 서서히 옅어지고 머릿속이 맑아졌다. 차향과 물소리, 고르게 이어지는 내 숨결만이 또렷이 남았다. 찻물이 잔을 채우는 동안 내 안의 빈틈이 조금씩 메워졌고 차향이 번질수록 묶여 있던 마음의 매듭이 서서히 풀려갔다. 지친 날이면 다구를 꺼내 조용히 차를 우렸다. 다도는 그렇게 내 일상에 작은 숨결을 불어 넣어 주었다. 다도에 진심이었던 나는 인성차문화예절지도사 자격까지 취득했다. 그 과정 자체가 내 삶에 다도가 얼마나 깊이 자리했는지를 말해 주었다.

다도와의 인연은 더 오래전으로 거슬러 올라간다. 생도 시절, 숨 쉴 틈 없이 바쁜 시기가 있었다. 빽빽한 학사 일정과 과제로 밤을 거의 새우다시피 하던 어느 날 아침 체조 중에 갑자기 가슴이 답답해졌다. 시야가 흐려지고 하늘이 빙글 돌았다. 하지만 멈출 수 없었다. 병원 실습과 과제, 시험 준비로 시간은 늘 부족했다. 그 무렵 학교에서는 다도 동아리 수업이 열렸다. 차를 배우고 싶어서가 아니라 잠시 멈춰 숨을 고르고 싶어 다도에 발을 들였다. 찻자리에 가만히 앉아 있는 것만으로도 위로가 되었다. 찻잔에 담긴 향기를 맡으며 호흡에 집중하는 그 시간은 지친 마음을 치유해 주었다. 그 작은 쉼표의 끝에는 예상치 못한 선물도 따라왔다. 차예절경연대회에서 최우수상을 받았다. 평온을 넘어 성취감까지 안겨준 경험은 바쁜 학사 일정 속에서도 다도를 계속할 명분이 되어 주었다.

다도가 나에게 쉼을 선물한다면 골프는 내 일상에 활력을 불어넣는다. 두 취미는 성격이 전혀 다르다. 내면을 향해 고요히 앉아 시간을 보내는 다도와 달리 골프는 몸을 움직이며 바깥세상과 호흡을 나누는 활동이다. 골프를 배우기 시작했을 때 라운딩을 준비하는 과정은 번거로웠다. 하지만 필드에 서는 순간 가슴이 탁 트였다. 초록빛 잔디와 청명한 하늘이 한눈에 들어왔다. 바람에 스치는 나뭇잎 소리까지 온몸을 감싸며 오랫동안 막혀 있던 감각들이 깨어나는 듯했다. 좋아하는 사람들과 함께 걸으며 나눈 대화는 관계를 더욱 돈독하게 해 주었고, 그저 그 시간 속에 있다는 사실만으로 마음이 한결 가벼워졌다. 시원한 공기를 들이마시며 '이렇게 숨 쉬는 느낌이 얼마 만이지?' 하는 생각이 머리를 스쳤다. 차처럼 골프 역시 또 하나의 숨결을 되찾는 길이었다. 조용한 찻자리에서 내 안의 목소리를 들을 수 있다면 탁 트인 필드에서는 거대한 자연의 숨결이 나를 감쌌다.

전혀 다른 성격의 두 취미는 결국 같은 지점에서 만난다. 방식은 달라도 본질은 하나였다. **숨을 찾는 일은 곧 나를 되찾는 일이었다.**

다도를 통해 흔들리던 삶이 조금씩 제자리를 찾아갔다. 여유는 외부에서 주어지는 것이 아니라 내가 만들어 내는 힘임을 깨달았다. 당장 찻잔을 들지 않아도, 곁에 늘 준비된 쉼터가 있다는 것만으로 위로가 되었다. 다도는 앞만 보며 달리던 나에게 천천히 산책하듯 삶을 거닐 수 있게 했다. 차를 마시며 새로운 근무지에 적응해 나갔다. 힘든 시기를 지나며 쌓은 내공 덕분인지 부대 여군들의 고충상담관으로 임명되기도 했다. 고충을 상담하러 오는 여군들에게 위로와 함께 차를 건넸다.

골프 역시 내 삶에 여유를 가져다주었다. 육아에서 벗어나 남편, 친구들과 함께 보내는 시간은 삶을 다시 살아갈 에너지가 되었다. 24시간 함께하던 아이와 떨어져 다른 세상에서 시간을 보내고 돌아오면 아이와 남편이 더 소중하고 애틋하게 느껴졌다. 떨어져 있는 시간이 오히려 사랑을 더 선명하게 했다.

꼭 다도나 골프일 필요도 없고, 많은 시간이나 비용을 들이지 않아도 된다. 중요한 건 나만의 호흡을 회복하는 자리를 마련하는 일이다. 헬스장이 아니어도 좋다. 동네 뒷산을 산책하거나 거실에 요가 매트를 펴는 것만으로도 충분하다. 향을 음미하며 멈추어 앉든 바람을 가르며 걸음을 내딛든, 방법은 중요하지 않다. 중요한 건 숨을 돌리고, 다시 나를 회복하는 일이다.

앞으로도 나는 작은 찻자리를 만들고 맑은 날이면 필드 위를 걸으려 한다. 향기로운 차 한 모금과 햇살 좋은 날 바깥으로 나서는 발걸음. 그 순간의 온도와 향기까지도 마음이 기억한다. 어쩌면 그런 찰나들이 다시 숨 쉬는 삶으로 우리를 이끄는지도 모른다. 지금 당장 밖으로 나가지 못하더라도, 숨 쉴 공간이 있다는 사실 하나만으로 오늘 하루를 버텨 낼 힘이 된다.

> **삶이 말이 되는 질문**
> **Q** 오늘, 당신은 어떤 방식으로 숨결을 찾으셨나요?

5

이 순간, 마음 다해 숨쉬다

이다인

    아픔은 열흘이 지나서 왔다. 우리 집 앞에 공중전화 부스가 곧 철거되는지, 빨간 테이프로 사용하지 못하게 칭칭 감겨 있는 모습을 보고 걸음을 멈췄다. 이어폰에서 흘러나온 음악은 분명 신났는데, 눈물이 멈추지 않았다. 낭랑 18세의 젊은 날이 아닌 낭랑 19세 반려묘 츄츄를 보내고 열흘이 되던 날이었다. 바쁠 때는 아프지 않았다. 눈코 뜰 새 없이 일에 몰두할 때는 슬플 여력이 없었다. 잠시 여유가 생겨보니, 떠나버린 고양이의 체취가 배어 있는 이불이 눈에 들어왔다. 아직 빨지 못했다. 바닥에 떨어진 털 뭉치가 눈에 보이면 가슴이 쓰렸다. 그래서였을까. 나는 일부러 쉬지 않았다. 쉴 틈을 주지 않으려는 몸부림 같았다. 그렇게 아픔은 열흘이 지나서 왔다.

    츄츄는 내가 쉬는 날을 골라 하늘로 갔다. 마지막 순간, 따뜻한 이불 위에 누워 햇살을 받고 있었다. 분명 그전부터 힘들었을 텐데 티를 내지 않았다. 전날 밤 몸이 굳어가며 걷지 못할 때, 나는 곧 시간이 왔음을 직감했다. 밤을 새우며 츄츄 앞에 누워 눈을 맞췄다. 츄츄는 나와 눈도 맞춰 주고 작은 갸르릉 소리도 들려 줬다. 물을 먹여 보았는데 입을 열지 않았다. 털을 빗기고 발톱을 다듬어 주었다. 이름을 불러 주고, 악수도 해 주고, 아끼던 귀한 오일을 발바닥 젤리에 발라 주었다. 조금이라도 편안하기를 바랐다. 어제 급히 쿠팡에서 주문한 배변 패드가 아침에 배달되었다. 딱 한 개를 꺼내 썼다. 200개 중에서 100개는 쓰지 않을까? 하며 기도하는 마음으로 주문을 한 것인데, 패드는 눈치도 없게 199개가 남게 되었다. 아이는 내가 잠깐 화장실을 다녀온 사이에 평온하게 눈을 감고 떠났다. 내가 슬플까 끝내 눈을 감는 그 순간만큼은 나에게 보여 주지 않았다. 잠깐 쉬고 있는 건 아닐까, 하며 아직 떠난 게 아닐 거라고 생각도 해 봤다. "지금은 아니야!"라며 소리를 지르고 오열하는 내가 낯설었다. 나이가 들어서 그렇게 목 놓아 울 수 있다는 게 신기할 정도였다.

 장례식장을 예약하며 비용을 묻는 내 모습이 바보 같았다. 유골을 스톤으로 만들어 주는 추가 서비스를 고민하다가, 비싼 비용에 고개를 저었다. 츄츄가 좋아하던 간식을 챙기고, 사진 다섯 장을 골랐다. 군인 남편에게 휴가를 내 달라 하고, 학교에서 돌아올 아들을 기다렸다. 오열하던 내 모습은 없어지고 차분히 장례를 준비하는 모습이 신기하다. 왜 그랬을까? 츄츄를 위한 마지막 준비는 단순한 장례 절차가 아니었다. 마지막까지 좋은 주인으로 남고 싶다는 마음 때문이었다.

현관 비밀번호를 누르고 아들이 들어왔다. 아들에게 어떻게 말해야 할지 생각나지 않았다. 보통은 학원을 먼저 다녀와야 하는데, 혹시나 하고 학원에 가지 않고 집에 들렀다고 한다. 츄츄가 걱정되었나 보다. 내가 츄츄 앞에 앉아 있으니 웃으면서 들어와 잘 있었냐고 내미는 손길은 평소와 같았다. 고양이를 쓰다듬고, 고양이 한 번, 내 표정을 한번 보더니 '아!' 하는 탄식이 흘러나온다. 옆에 풀썩 주저앉아 오히려 나에게 괜찮냐고 물어본다. 아들은 배가 고프다고 했다. 내 눈이 퉁퉁 부은 채 집 앞 식당으로 갔다. 식사를 시키고 앉았는데, 사장님이 시키지도 않은 음식을 내왔다. 배달 주문 취소가 있는데, 그냥 드시라며 음식을 내려놓는다. 내가 훌쩍거리고 눈이 퉁퉁 부어 있으니 안쓰러워 챙겨 준 듯했다. "감사합니다."라며 살짝 미소가 지어졌다. 음식을 한 입 맛보고, 도저히 안 될 것 같아서 이내 젓가락을 내려놓았다. 다시 표정이 굳어졌다. 의외로 아들은 내 걱정보다 훨씬 담담했다. 남은 음식을 싹싹 긁어 먹었다. 나중에 들은 이야기지만, 내가 없을 때 몰래 울었다고 했다. 그것도 펑펑.

이미 숨을 거둔 반려묘를 아들 무릎에 이불째 올렸다. 신기하게도 차를 몰고 화장터로 가는 길에 우리는 제정신이었다. 아들과 농담을 주고

받았다. 장례식에서 울지 말자고, 짱구 춤이라도 춰서 츄츄가 가는 길 덜 외롭게 하자고 했다. 눈물이 차오르다가 또 웃음이 났다. 아이의 마지막을 눈에만 담기 아쉬워 핸드폰을 켰다. 수십만 가지의 감정과 생각이 마음을 뒤흔들었다. 츄츄 덕분에 우리 가족은 오랜만에 한자리에 모였다. 각자의 슬픔을 나누며, 츄츄와 함께한 19년을 곱씹었다. 왜 그렇게 바쁘게 살았을까? 정작 중요한 마음을 언제 마주하고 나눴을까? 아이의 장례식 덕분에 우리는 눈물 속에서 대화하고, 서로의 온기를 느낄 수 있었다. 엄마, 아빠가 고양이를 왜 키우게 되었는지, 그 후로 어떻게 19년을 함께 살아왔는지, 그 안에서 행복했던 순간이 언제였는지를, 우리의 솔직한 마음을 꺼내 놓았다. 우리 세 식구는 정말 오랜만에 손을 잡았다. 고맙고도 감사한 시간이었다. 서로를 바라보며 "참 다행이다."라는 말을 계속 내뱉었다. 내가 지방 출장 중이었다면 마지막을 함께할 수 없었을 테고, 사춘기 아들이 먼저 마주했다면, 그 충격은 이루 말할 수 없었을 것이다. 차라리 내가 감당해서 다행이라는 생각이 들었다. 내가 우는 모습을 아들이 봤더라면, 아들도 무너졌을 것이다. 내가 아들의 눈물을 보았더라도 마찬가지였을 것이다. 서로의 눈물을 보지 못했기에 어쩌면 더 단단히 버틸 수 있었는지도 모른다.

그렇게 츄츄는 절묘한 시간에 떠났다. 남편에겐 일과 중에 연락이 되어 휴가를 내기 수월했다. 화장터 운영 마지막 타임에 맞춰 도착했다.

나는 다음 날 지방으로 출장 가야 했고, 심지어 다음 달에는 10일이나 미국에 다녀와야 하는데, 다행히 마지막을 지킬 수 있어 감사했다. 츄츄는 끝내 우리를 이어 주고, 여유를 선물하고 떠났다. 이별 앞에서 가장 크게 배운 것이라면 살아서 곁에 있을 때만 온전히 함께할 수 있다는 점이다. 늘 바쁘다는 핑계로 미뤘던 대화와 표현은 우리에게 주어진 시간이 끝나고 나면 더 이상 할 수 없다. 츄츄가 떠난 순간에서야 꺼낸 마음들이 아쉬움으로 남았다. **사랑하는 존재가 곁에 있을 때, 그 시간을 온전히 누리는 것이 삶의 본질임을 알았다.** 시간은 언제나 충분하지 않다.

또, 삶이란 감정을 외면하지 않는 일이었다. 나는 늘 사실과 논리에 익숙하고, 감정에 서툴렀다. 츄츄의 마지막 앞에서 오열하며 알았다. 눈물은 약함이 아니라, 사랑의 깊이를 증명하는 가장 솔직한 언어이다. 살아가는 내내 결국 기쁨과 슬픔, 아픔과 따뜻함을 모두 껴안는 일이었다. 그리고 사는 것은 함께 의지하는 일이다. 우리 가족은 오랜만에 모여 기억을 나누고, 눈물과 웃음을 나누었다. 내 작은 고양이는 감사하게도 마지막 순간조차 우리를 단단히 이어 주었다. 상실은 고통이지만, 동시에 남은 사람들을 다시 묶어 주는 힘이기도 했다. 이 깨달음은 츄츄가 남긴 선물이다.

숨을 쉰다는 건 단순히 살아 있다는 증거가 아니라, 감정을 느끼고 나

누는 힘이었다. 숨은 아픔을 불러오고, 기억을 되새기며, 곁에 있는 사람을 끌어안게 한다. 숨 쉬는 것은 결국 살아 있는 모든 순간을 끝까지 껴안는 일이다. 그래서 오늘, 아빠에게 전화를 걸었다.

"아빠, 청계천 보고 싶다고 했지? 서울 한번 올래? 보고 싶네."

삶이 말이 되는 질문
Q 지금 당신 곁의 누군가에게 마지막으로 마음을 표현한 게 언제인가요?

6
글쓰기, 내 삶의 쉼이 되다

이순영

나는 글쓰기로 하루를 연다. 새벽 공기처럼 머리가 맑아지고, 하루가 선명해진다. **글을 쓰면서 세상과 연결되고, 동시에 나를 만난다.** 글쓰기는 지난날의 나를 불러 다독이고, 현재의 나를 위로하며, 미래의 나를 꿈꾸게 한다. 물론 글을 쓰는 일이 매번 즐겁기만 한 건 아니다. 무엇을, 어떻게 써야 할지 막막하고, 부족한 문장 앞에서 한숨을 짓기도 한다. 그래도 한 글자라도 쓰기 시작하면 어느새 단어가 되고, 문장이 되어 이야기로 완성되리라 믿으며 써 나간다.

나는 원래 글쓰기에 재능도, 특별한 관심도 없었다. 어릴 때부터 일기 쓰는 것조차 힘들었다. 초등학교 6년 내내 독후감과 일기 숙제가 제일 부담스럽고 싫었다. 독후감은 책 살 형편이 안 돼서 친구 독후감을 빌려 각색하거나 책을 잠시 빌려 앞뒤 몇 장만 읽고 짜깁기해 썼다. 그렇게 제출한 독후감에 대해 선생님은 형편을 아셨는지, 아니면 별 기대가 없었는지 아무런 피드백을 주지 않으셨다.

일기 쓰기는 더 고역이었다. 매일 하루의 일과를 글로 써야 하는 것이 고통이었다. 일기장을 펼치고 앉으면 어제와 똑같은 하루가 볼품없게 느껴졌다. 그 시절 일기는 매일 같은 내용의 반복이었다. "아침밥을 먹고 학교에 갔다. 공부하고 친구들과 놀았다. 숙제하고 저녁 먹고 잠을 잤다." 매일 같은 내용을 계속 써야 할 이유를 찾지 못했다. 게다가 일기는 하루라도 건너뛰면 죄책감이 생겨 부담감만 커졌다. 방학 일기는 늘 개학 전날 한 달치를 몰아 썼다. 당시 날씨 검색도 불가능해서 나의 방학 일기는 언제나 온통 허구였다. 그래서인가 일기는 평생 부담으로 남았다. 그래도 새해나 무언가를 시작할 때면 어김없이 일기 쓰기를 다시 결심한다. 새로운 마음가짐으로 하루하루 최선을 다해 살아 보겠다는 각오에서다. 문구점에 가서 예쁜 일기장을 고르고 야심 차게 다시 시작하지만 얼마 지나지 않아 흐지부지되고 만다. 일기 내용이 특별해야 한다는 생각, 매일매일 써야 한다는 강박 때문이다.

그런데 1년 전, 생각을 바꾸었다. 일기 내용은 특별할 필요가 없고, 꼭 당일에 쓰지 않아도 된다고. 일기가 밀려도 이튿날 쓰거나 여의치 않으면 며칠 지나 써도 괜찮다. 밀린 일기도 기억을 더듬어 쓰다 보면 치매 예방에 도움이 된다는 유명 의사의 조언도 한몫했다. 당일 써야 한다는 부담감이 사라지니 언제든 하루 몫의 이야기를 써낼 수 있게 되었다. 이전 같으면 영영 비어 있을 하루 이야기가 채워지고 있다. 일부러 일기장도 날짜가 표기된 것으로 바꿨다. 빈칸이 보이면 채우고 싶은 욕구가 생긴다. 지난 1년간 일기장엔 비어 있는 페이지가 없다. 나의 하루하루를 열심히 살아낸 것 같아 뿌듯하고, 그래서 더 소중하다. 어느덧 일기 쓰기는 나의 힐링이자 루틴이 되었다.

지난겨울, 생일을 맞아 난생처음으로 친정 식구들과 저녁 식사를 했다. 퇴직 후 첫 생일을 기념하자는 여동생의 제안으로 성사되었다. 그날 저녁, 하루의 소회를 일기로 쓰다가 '내 출생의 순간'을 글로 써 보기로 했다. 한반도에서 가장 추운 시골 마을의 초가집 안방에서 태어난 그날을 상상하며 갓난아기로 세상과 첫 대면 하는 장면을 글로 풀어냈다. 태아 시절 지냈던 엄마의 자궁에서 따뜻한 품으로, 나를 받아낸 할머니의 거친 손길과 지친 엄마의 숨결, 젖을 빨다 잠들던 순간까지, 의학 지식과 상상으로 복원한 그 글을 가족 단톡방에 올렸다. 가족들의 반응은 뜨거웠고, 어린 시절 이야기를 계속 써 달라는 요청이 이어졌다. 이에 용기를 얻어 가족 단톡방에 글을 연재하기 시작했다. 과거 경험과 정서를 공유한 가족들이 보여 준 공감은 대단했다. 그때 나는 결심했다. '나는 평생 글을 쓰며 살아야겠다.'라고.

나는 어린 시절을 글로 옮기며 신비한 경험을 했다. 처음에는 호기심에서 시작했고, 가족들이 좋아해 주니까 계속 썼는데 어느 순간 변화가 일어났다. 과거를 글로 쓰다 보면 어린 내가 아닌, 성인이 된 내가 작가의 눈으로 상황을 바라본다. 재해석한 상황을 글로 옮기면서 인물들의 행동과 감정, 의도가 이해된다. 당시에는 결핍으로만 기억되던 어린 시절이, 이제는 오롯이 부모님이 자식들을 지키기 위해 버텨낸 생존 투쟁이자 고단한 삶의 흔적으로 읽힌다.

내 어린 시절은 경제적, 정서적 결핍으로 가득하다고 생각했었다. 난 그 당시 TV 드라마 속 부잣집 귀한 도련님에게 쏟아지던 사랑과 관심, 풍요로움이 늘 부러웠고, 그렇지 못한 우리 집 형편이 원망스러웠다. 어른이 되어 글로 다시 마주하는 과거는 전혀 다른 이야기였다. 부모님은 어린 나이에 피난길에 올라 구사일생으로 살아남은 분들이었고, 그들에게 가족의 생존과 안전은 무엇보다 중요했다. 모두가 어렵던 당시 상황을 생각하면, 그 이상을 바라는 건 오히려 지나친 욕심이었을지 모른다. 결핍뿐이라고 여겼던 과거 기억을 하나씩 펼쳐 보면, 그 안에 크고 작은 행복과 사랑의 순간들이 보석처럼 박혀 있다.

스무 살의 어린 나이에 부모가 되어 여섯 아이를 키워 내신 두 분의 고단한 삶이 고스란히 전해진다. 부모님은 우리의 온전한 생존을 위해 매일 전쟁 같은 치열한 일상을 사셨다. 그토록 투박하던 사랑과 그리도 외면하고 싶었던 거친 손길이 이제는 사무치게 그립다. 눈물이 차오르다 목구멍에 걸린 그 순간, 나는 비로소 진정한 치유를 경험했다. 글을 쓰다 보면 때로 이야기가 미화되기도 한다. 그래도 괜찮다. 어쩌면 그래서 더 좋다. 이렇게 글쓰기는 나의 존재를 알아가고 받아들이는 도구가 되었다.

그래서 글쓰기를 더욱 소중히 여긴다. 나에게 글쓰기는 평생을 즐길 소일거리이자 마음을 돌보는 과정이다. 아직 부족하지만, 실력을 다듬고 일상의 루틴으로 만들기 위해 노력하고 있다. 최근 들어 조금씩 편안해지고 익숙해졌다. 올해 초 후배들과 '하루 세 문장 챌린지'를 시작해 지금까지 이어오고 있다. 매주 주제를 정해 글을 쓰고 밴드에 올려 공유한다. 약속이니 최소한 세 문장이라도 쓰자는 마음으로 시작하면, 어느새 단락이 되고 한 편의 이야기가 된다. 내 글을 쓰는 재미도 크지만, 같은 주제로 쓴 다른 이의 글을 읽는 즐거움과 배움 또한 크다. 가끔 댓글로 담긴 위로나 격려, 날카로운 통찰이 큰 자극이 되기도 한다. 함께 글을 써 내려가는 그 시간 자체가 소중하다. 이 챌린지를 시작하길 정말 잘했다.

나는 오늘도 글을 쓴다. 잘 써야 한다는 욕심보다는, 쓰는 행위 자체에 집중한다.

글쓰기에 몰입하다 보면, 마음이 고요해지고 자신의 존재와 마주하는 기적 같은 순간이 온다.

그 시간이 곧 쉼이 된다.

글 속에서 만나는 나의 이야기는 제법 가치 있게 느껴지고, 이야기 속 주인공인 나는 어느새 괜찮은 사람이 된다.

꾸준히 쓰다 보면 어느 순간 생각과 감정이 정리되고 마음에 여백이 생긴다.

그 여백이 다시 삶의 에너지가 되어 준다.

이토록 좋은 글쓰기, 평생 동반자로 삼기로 했다.

나를 다독이는 이 조용한 습관을 오래도록 곁에 두고 즐기고 싶다.

삶이 말이 되는 질문

Q **당신의 일상이 의미가 되고,**
스스로 꽤 괜찮은 사람이 되는 순간은 언제였나요?

7

명상으로 인생의 파도를 넘다

장 정 현

살다 보면 크고 작은 파도가 밀려올 때가 있다. 잔잔할 때는 세상이 내 뜻대로 움직이는 듯하지만, 세상을 집어삼킬 듯 덮쳐오면 그 자리에 서 있기조차 어렵다. 멀리서 다가오는 파도는 그 크기와 속도를 가늠할 수 없어 두렵기만 하다. 어떨 땐 집채만 한 파도도 해안에 가까워질수록 힘을 잃고 물거품이 되곤 한다. **파도를 피해 달아나는 대신 그 위에 올라타 균형 잡는 법을 익힌다면, 삶은 훨씬 다채롭고 흥미로워진다.** 나에게 명상은 바로 그 파도타기를 위한 연습이다.

8년간의 간호장교 경력을 마무리하고 전역 후 심리치료 자문회사에 입사했다. 미국에서 개발된 명상 기반 행동치료를 국내에 도입하는 치료팀에 합류했다. 나는 치료팀에서 유일한 의료인, 간호사였다. 새로운 행동 심리치료를 배우는 수련생인 동시에 연구논문에 쓰일 인터뷰와 자료 정리, 회사에서 주최하는 워크숍 준비도 담당했다. 그때 명상을 처음 접하게 되었다. 명상에 대한 깊은 이해와 경험이 부족했던 나는 명상이란 조금은 어렵고 심오한 영역이라고 막연하게 알고 있었다. 그저 복잡한 마음을 가라앉혀 차분하게 만들어 주는 방법으로 이해하는 정도였다. 미국 본부와 협업하고 영어권 내담자를 만날 때마다 부족한 영어 실력 때문에 늘 답답했다. 결국 어학연수와 취업 기회를 잡기 위해 에이전시를 통해 미국행을 결심했다.

환율은 치솟고 퇴직금 통장 잔액은 빠르게 줄고 있었다. 매달 어학원 등록비와 생활비 등 고정 지출만으로도 내겐 부담스러운 비용이었다. 예정에 없던 추가 지출마저 발생할 때는 한숨이 절로 나오고 난감했다. 두 분 모두 공무원이셨던 부모님 덕에 IMF 때도 어려움을 모르고 지냈던 나는 난생처음 돈 걱정을 하게 됐다. 대학원 지원 과정도 쉽지 않았다. 부족한 영어 실력으로 자기소개서를 써야 하는 단계부터 버거웠다. 시차를 고려하여 한국에 연락해서 필요한 서류들을 준비하고 교수님들께 추천서를 받는 일까지 어느 하나 쉬운 게 없었다. 게다가 한국에서 출발할 때부터 '취업과 영어 공부'를 도와주던 에이전시 직원과의 갈등까지 발생했다. 더 이상 에이전시의 능력과 도덕성을 신뢰할 수 없어 관계를 종료하고 싶었지만, 환급을 거부했다. 결국 어느 정도의 손해를 감수한 채 협상 후 거처를 옮기고 새롭게 시작했으나 크고 작은 일들이 계속 꼬여만 갔다. 몸도 마음도 모두 지쳐갔다. 존재만으로도 든든하고 무조건 내 편이 되어 주는 가족이 몹시 그리웠다. 작은 문제들이 차곡차곡 쌓이자 마치 거대한 파도가 되어 덮쳐오는 듯했다. 무섭고 외로웠고 스스로가 한없이 초라했다. 1년의 어학연수만 마치고 돌아왔다. 결국 난 실패했다. 실패가 남긴 좌절이 한동안 나를 움츠러들게 했다. 하루라도 빨리 무력감에서 벗어나고 싶었다. 안정된 직장을 택해 학교에 들어갔고 마침내 대학원 과정도 시작했다. 후회 없이 현재를 살아가기 위해 선택한 것이 바로 명상 수련이었다. 여름방학 교원 연수로 시작한 명상이 어느새 15년째다. 명상 수련을 통해 깨달은 바가 있다. 그동안 실패로 여겼던 어학연수에서 얻은 가장 값진 성과는 바로 낯선 환경에서 새로운 나의 참모습을 발견한 소중한 '경험'이다.

처음에는 명상을 배우고 경험해야 할 분야로 여기고 그 방법과 효과를 알고 싶은 욕심에서 출발했었다. 좀 더 지혜로워지고 마음의 평화도 찾고 싶어 그 방법을 알고 싶었다. 하지만 명상 수련은 자기를 돌아보기 위해 불필요한 마음들을 걷어 내어 궁극적인 본질만 남도록 청소하는 작업에 비유할 수 있다. 가짐과 버림이라는 극과 극의 태도 차이를 깨닫고 진정한 명상 수련의 효과를 경험하자 재미를 알아가게 되었다. 나를 알게 되자 타인이 보이고 세상이 보였다. 모든 게 살아 있는 그대로 완전했다. 내가 소중한 만큼 모든 이가 소중하고 귀한 존재였다.

힘든 일을 겪게 되자 더 이상 마음이 혼란스러운 상황을 마주하고 싶지 않았다. 내 맘대로 바꿀 수 없는 세상 앞에서 내가 강해질 수밖에 없었다. 예전에 명상이 행동을 수정하는 데 도움 되었던 경험이 떠올랐다. 그때 제대로 이해하지 못했던 명상을 더 깊게 배우고 싶었다. 대학원 수업이 끝난 늦은 시간에도 센터를 찾아 명상 후 귀가할 정도로 열심히 수련했다. 그러다 3개월간의 남미 현지 명상 수련 과정에 참여할 기회를 얻었다. 처음엔 망설였다. 미국에서의 쓰라린 실패 경험이 떠올라 다시 파도에 휩쓸리는 건 아닐까 두려웠다. 그러나 이번에는 달랐다. 그동안 명상 수련을 통해 나는 단단해졌다. 부에노스아이레스의 평화로운 공원, 잔디밭 위에 원을 이루고 앉아 모두가 눈을 감은 순간, 서로의 숨소리만 남았다. 서툰 스페인어와 영어, 몸짓으로 전하는 마음이지만 우리는 충분히 소통했다. 중요한 건 언어가 아니라, 선입견과 섣부른 판단을 내려놓을 때 남아 있는 진심이었다. 명상은 국경도 언어도 초월한 진실한 가치임을 실감했다.

아르헨티나에서는 값싼 와인과 소고기 덕분에 바비큐 파티를 자주 열 수 있었다. 적은 비용으로도 풍족했다. 애절한 반도네온 음색에 맞춰 탱고를 추는 사람들도 쉽게 볼 수 있었다. 그들은 춤과 음악을 통해 영혼을 치유하는 것 같았다. 소박한 일상에서도 그들은 행복했다. 경제적 풍요가 없어도 사랑이 충만할 수 있다는 걸 보여 주었다. 미국에서 경제적 어려움에 짓눌렸던 때와는 사뭇 달랐다. 모든 게 마음먹기에 달렸다는 말은 쉽다. 하지만 마음을 다스리는 일은 쉽지 않다. 명상은 억지로 마음을 다잡는 것이 아니라 불필요한 마음을 비워 내는 훈련이었다.

명상이 내게 가장 큰 힘이 되어 준 순간은 남편과 갑작스러운 이별을 마주했을 때였다. 여생을 함께하리라 믿었던 배우자가 예고 없이 떠난 충격은 이루 말할 수 없었다. 한순간에 삶이 멈춰버리고 온 세상이 무너져 내린 것 같았다. 현실감은 사라졌고 빨리 악몽에서 깨어나고 싶었다. 꿈이길 수없이 바랐다. 이내 되돌릴 수 없는 상실의 무게에 몸은 주저앉고 눈물만 흘렸다. 혼란스러울 아이를 생각하니 무너질 수도 없었다.

명상 수련은 삶의 경이로움뿐 아니라 죽음도 함께 받아들이게 했다. 호흡을 바라보며 삶과 죽음이 동전의 양면처럼 맞닿아 있음을 인식할 수 있었다. 슬픔은 파도처럼 밀려왔지만, 그 안에 머물러 있지 않으려 했다. 고통을 나와 동일시하지 않고 시간이 흐르면 지나갈 것이라고 다독였다. 있는 그대로 바라볼 수 있었고 차츰 평온을 되찾았다. 그동안 명상 수련을 통해 마음의 기초 체력을 단단히 길러 온 덕분이었다. 단순히 버텨 내는 방법이 아닌 삶을 대하는 태도를 바꿔 준 것이었다. 힘든 일이 닥치면 왜 내게 이런 일이 일어나는지를 원망하지 않고 그 안에서 배울 점을 찾게 했다. 숨을 쉰다는 건 단순히 살아 있다는 사실을 넘어 세상 전체와 내가 연결되어 있음을 일깨워 줬다. 반복되는 호흡을 당연하게 여기지 않고 들숨과 날숨의 관찰 속에서 살아 숨 쉬고 있음에 감사했다. 그 감사는 일상의 희로애락으로부터 나를 더 자유롭고 겸손하게 만들었다. 현재를 있는 그대로 받아들이는 법을 가르쳐 준 셈이다.

삶의 거친 풍파 속에서도 감사할 이유를 발견하는 힘은 명상이 내게 준 가장 큰 선물이다.

앞으로도 균형을 잘 잡으며 변화무쌍한 인생의 파도에 기꺼이 몸을 맡기고 가벼이 살아가고 싶다.

> 삶이 말이 되는 질문
> **Q 나의 에너지를 충전시킬 수 있는 활동은 무엇이며, 가장 바라는 휴식은 어떤 모습인가요?**

6장

잘살다
: 나답게 단단하게

완전하지 않더라도 매일 세상의 자연을 만나고 그림을 감상하며 이상적인 인간의 모습을 발견하는 일은 얼마나 좋은가. 타인에게 의존하기보다 스스로 할 일을 선택하여 수행하는 삶은 얼마나 자유로운가. 몸을 움직이며 매일 새롭게 배우는 일은 얼마나 재미있는가.

1
세 가지 열정으로 춤추다

나 정 순

 군 복무하던 대위 시절, 고등군사반 교육과정에서 과제 발표 후 질의응답 시간이었다. 한 후배 대위가 물었다. "선배님 삶의 모토는 무엇입니까?" 그 순간 한 단어가 떠올랐다. "SHE입니다. Strength, Humanism, Excellency." 신체적·정신적 강인함과 인간적 품성, 직무에서 탁월함을 추구한다고 답했었다. 전역 후 일반인이 된 지금도 이 모토는 유효하다. 다만 군 조직의 일원으로 살아갈 때와 달리 자유로운 한 인간으로 잘 살아가기 위해서는 새로운 나침반이 필요하다.

 내 나이를 하루 24시간에 비유하면 오전 11시쯤이다. 아직 정오도 오지 않았다. 오전 7시부터 10시처럼 활기찬 에너지를 발휘해야 할 시기인데 겁을 먹고 있다. '무리해서 움직였다가는 금방 지쳐 버릴지도 몰라. 속도를 늦춰야 해.'라며 미리 제어한다. 두려워하는 마음은 삶을 제자리에 머물게 만든다. 내 인생을 움직이게 하는 열정은 무엇인가?

첫 번째 열정은 아름다움이라는 연료다. 아름다움을 만나면서 내가 인간임을 느낀다. 자연과 그림, 이상적인 인물은 삶에 생명력을 불어넣는다. 시원한 새벽 공기를 마주하면 횡격막이 붕 뜨며 무릉도원에 온 듯한 기분이 든다. 벚꽃이 처음 필 때면 곧 질 꽃을 걱정하여 도리어 아프다. 봄꽃을 느긋하게 즐기지 못한 채 떨어질 꽃잎을 상상하기 때문이다. 하지만 벚나무는 100년을 살고 푸른 잎들이 나머지 세 계절을 채워 준다는 사실을 인식한 후 비로소 안심하며 꽃과 마주할 수 있다. 아름다운 자연과 마주하는 순간 내 안에 어떤 고귀한 기운이 스며들며 따뜻한 혈액이 흐르기 시작한다.

파리의 오르세 미술관에서 보낸 여섯 시간을 잊을 수 없다. 책에서 봤던 그림과 확연히 다른 색채로 활기를 띤 반 고흐의 〈오베르의 교회〉. 푸른 생기가 가슴 속으로 마구 들어오는 듯하여 오랫동안 자리를 떠나지 못했다. 150년이 넘은 그림에서 어떻게 이런 기쁨과 에너지를 느낄 수 있는가? 마찬가지로 르누아르의 〈광대 의상을 입은 소년〉에서 나오는 주홍색은 부드러운 햇살 같았다. 따뜻하고 우아한 빛에 반해 한 달쯤은 밥을 안 먹어도 살 수 있겠다는 생각이 들었다.

소설 속 인물의 아름다움에도 매혹된다. 에밀 아자르의 『자기 앞의 생』에서 만난 모모와 로자 아줌마, 아모스 오즈의 『친구 사이』에서 알게 된 나훔과 모시, 이정명의 『별을 스치는 바람』 속 윤동주와 스기야마. 삶의 부조리 앞에서 비극적 본질을 외면하지 않고 용기 있게 마주치는 인물을 만났을 때 내가 어떤 인간이 되고 싶은지 깨닫는다. 타인의 고독과 절망에 무관심하지 않으리라 다짐한다. 아름다움 속에 있을 때 삶의 이상에 대해 다시 생각한다. 더 나은 사람이 되고 싶어진다.

두 번째 열정은 독립성이라는 근력이다. "자기 팔은 자기가 흔들어야지." 사회 초년 시절 한 선배가 자주 하던 말을 처음엔 장난으로 들었다. 친구들에게 농담 삼아 말하기도 했는데 시간이 지나면서 그 말의 진실을 깨달았다.

군 전역 후 시간이 많아졌을 때 아이에게 제안했다. "특별한 일이 없어도 저녁마다 오늘 있었던 일을 나누면 어떨까? 그렇지 않으면 우리가 가족임을 무엇으로 증명하겠어?" 아이는 가족관계증명서가 있지 않느냐며 농담처럼 답했다. 제법 진지했던 마음이었기에 울고 싶은 기분이 들었다. 아이가 어렸을 때 내가 가장 자주 하던 말은 "울지 말고 말을 해."였다. 뿌린 대로 거두는 법이다. 아이의 의견을 존중하겠다고 다짐해 보지만 서운하다.

며칠 전 한 친구는 상사와 갈등이 심해 밤에 잠을 못 자고 있다고 했다. 총명하고 성실하여 모든 상사와 동료들에게 인정받던 친구는 이런 상황이 올 줄 몰랐다며 사표를 쓰고 싶다고 했다. 내가 할 수 있는 일은 옆에 앉아 이야기를 들어주는 일뿐이었다. 일주일 후 그는 해결 방안을 찾아봐야겠다고 했다. 힘을 내준 친구가 고마웠다. 가족과 가까운 친구는 이야기를 들어주며 곁에 있지만 결국 자기 일은 스스로 해야 한다.

　이탈리아에는 '스스로 하는 자는 세 명 몫의 일을 한다.'라는 속담이 있다. 자발적으로 자신이 해야 할 일을 책임감 있게 하면 그만큼 능률적이고 생산적이라는 의미이다. 나 또한 타인에게 기대지 않고 직접 손발을 움직이기 위해 의식적으로 노력한다. 타인에게 의존하는 순간 내 삶이 다른 사람에게 끌려가기 마련이기 때문이다.

　세 번째 열정은 재미라는 마법이다. 몸을 움직이며 배우고 익힐 때 나는 즐겁다. 학교에서 근무하던 시절, 축제에서 동료 교수들과 비욘세의 〈싱글 레이디〉, 시크릿의 〈샤이보이〉 음악에 맞춰 댄스 공연을 선보였다. 무용 선생님을 섭외해 며칠 동안 동작을 익히며 일과 후에 모여 연습했다. 공연 의상을 두 벌 대여해 곡마다 갈아입었다. 공연을 마치고 무대에서 내려올 때 생도들이 "여신! 여신!"이라고 외치는 환호를 들었다. 아이돌이 된 듯한 기분이었다. 리듬에 맞추어 함께 몸을 움직이는 활동은 어떤 일보다 즐겁다. 또 공연하고 싶다.

　겨울에는 동료들과 함께 일과 후 매일 5~6km를 달렸다. 눈 쌓인 길을 달리는 우리 모습이 꽤 멋졌다. 함께 달리며 호흡과 자세, 착지에 집중했다. 달린 후에는 스쾃 100개와 런지 100개로 마무리하며 인증사진을 찍곤 했다. 달리기 활동에 다른 동료들이 하나둘씩 모이기 시작했다. 함께 뛰는 일은 무엇과도 비교할 수 없는 연대감을 선사한다. 그때의 호흡이 지금도 생생하다. 최근에는 일반 러너들 사이에서 동네 하천 길을 따라 천천히 달리고 있다. 하프 마라톤에 도전하기 위해서다.

새로운 분야를 배우고 익히는 활동은 인생의 특별한 선물이다. 몇 달 전 피아노 학원에 갔다가 성악 강습을 받았다. 선생님 말씀으로는 내가 소프라노 음역이고 목소리가 좋다고 하셨다. 연습하면 더 단단해지고 울림이 생긴다며 격려해 주셨다. 소리를 아래로 떨어뜨리지 않고 띄우기 위해 노력했다. 높은 음역에서는 소리가 줄어들지 않도록 해야 한다. 통에 든 물이 차서 넘쳐흐르는 느낌으로 쭉 뻗어 나가야 한다. 성악을 배운 다음 날 조카네 집을 방문했다. 두 살, 다섯 살 남자아이들에게 "노래 불러줄까?" 하고 물었더니 "네." 하고 합창하듯 대답했다. 소프라노 톤으로 가곡 〈사월의 노래〉를 과장되게 불렀다. 아이들의 얼굴이 꽃처럼 환해지며 노래를 따라 불렀다. 동요 〈나비야〉를 부를 때는 아이들이 큰 소리로 함께 부르며 웃었다. 아이들을 위한 동요를 연습하고 싶어졌다.

군대 시절의 'SHE'가 조직 속의 나를 정의했다면, 지금 나를 움직이는 세 가지 열정은 FBI(Fun, Beauty, Independence), 재미와 아름다움과 독립성이다. **아름다움은 삶에 생명력을 불어넣고 독립성은 나를 의연한 어른으로 성장시킨다. 재미있는 삶은 나를 웃게 만든다.** 완전하지 않더라도 매일 세상의 자연을 만나고 그림을 감상하며 이상적인 인간의 모습을 발견하는 일은 얼마나 좋은가. 타인에게 의존하기보다 스스로 할 일을 선택하여 수행하는 삶은 얼마나 자유로운가. 몸을 움직이며 매일 새롭게 배우는 일은 얼마나 재미있는가. 세 가지 열정이 오늘도 내 삶을 춤추게 한다.

삶이 말이 되는 질문
Q 당신의 삶을 움직이게 하는 열정은 무엇인가요?

2

배움으로 세상을 품으며 살아가다

방 연 주

2019년 1월 전직지원교육 기본과정을 신청했다. 5년 이상 근무하고 전역을 앞둔 간부라면 거쳐야 하는 필수 교육으로 다양한 병과 계급의 장교, 부사관 대상으로 이루어졌다. 다녀온 선배로부터 이야기를 들었기에 특별한 정보를 얻을 것이라는 큰 기대는 없었다. 그래도 새해를 시작하며 바쁜 일상을 멈추고 생각을 정리하는 데 도움이 될 것 같았다. 같은 병원에서 근무하던 동기를 설득해 같이 참석했다. 전국에서 100여 명 가까이 모였다. 복무 기간은 달랐지만 모두 군복을 벗고 새로운 전환점을 준비해야 한다는 막연함이라는 공통 분모를 가진 이들이었다. 재취업 역량 강화를 위한 전직 설계 등을 듣는 교육생들의 표정에는 만감이 교차했다. 교육 특성상 일반화된 많은 정보 속에서 깨달은 것은 두 가지였다. '내가 원하는 삶이 직업이 될 수 있다.'라는 희망과 결국엔 스스로 찾아야 하는 '각자도생'이라는 현실이었다. 전역 후 동기부여 강사가 되고 싶다는 막연한 기대감에 부풀어 있던 내게 한 강사의 이야기가 마음에 와닿았다. 만족감이 크더라도 고정 수입이 보장되지 않는 경우 하나의 직업만으로는 생계유지가 어렵다. 새로운 직업으로 갈아타지 않는 한 투잡(2Job)은 기본이다. 그중 하나가 강사이다. 이를 해결하기 위해 그가 선택한 것은 다른 직업의 전향이 아니었다. 강사 활동을 하면서, '차를 좋아하는 값비싼 취미'를 이용해 겹벌이를 하고 있었다. 영화 촬영장까지 차를 대리운전해 주고 도로 갖다 놓는 일이라고 했다. 언제 촬영이 끝날지 모르는 막연한 대기 시간이 문제 되지 않는다고 했다. 노트북 하나만 있으면 근처 카페에서 강의 준비를 할 수 있으니 말이다.

"늘 기대감이 있어요. 어떤 날은 트럭, 운 좋은 날에는 람보르기니까지도 몰아요. 비싼 차를 몰 때면 살짝 긴장하기도 하지만 좋아하는 차를 운전해 볼 수 있다는 것은 즐거운 일이니까요."

"나도 저렇게 살고 싶어. N잡러 재밌겠다." 중년의 나이에도 순수함이 느껴지는 강사의 표정을 보며 옆에 앉은 동기에게 속삭였다. 씁쓸한 웃음을 자아낼 수도 있는 강사의 이야기에 '각자도생'이란 단어가 더 이상 두렵지 않았다. 오히려 기대되었다. 나도 할 수 있을 것 같은 자신감이 생겼다. 자칫 소모될 수 있는 시간조차 생산적으로 바꾸고 또 하나의 강연 재료로 만드는 강사의 태도를 닮기로 했다. 그날부터 마지막 출근하여 신고했던 7월 말까지 국군수도병원 기획 총괄 장교로 열심히 일했다.

만나는 사람, 작성해야 하는 보고서, 그 모든 걸 마지막으로 배울 기회라는 생각이 들자 허투루 할 수 없었다. 10개월의 전직지원교육 간에는 "요즘 뭐 하고 지내냐?"라는 물음에 '배우다'라는 단어를 의식적으로 붙였다. 몇 개월 지나자, 사람들의 질문이 바뀌었다.

"요즘엔 또 뭐 배우고 있어요?"라고. 한 해, 두 해 지날수록 질문도, 질문하는 이도 달라졌다.
"함께 배울래요?"
"함께 만들어 볼래요?"
"함께 가르칠래요?"

배움이라는 과정에 시간과 노력을 투자한다는 것은 목적이 분명하지 않으면 지속하기 어렵다. 전역하면서 나는 나다움을 찾고자 배우기 시작했다. 시속 100km의 속도로 달리던 삶의 패턴에서 속도를 줄이는 것도 배워야 했다. 나처럼 막막한 길을 걷는 후배, 동기, 선배들에게 작은 오솔길이라도 만들어 주고 싶었다. 열심히 배우고 알렸다. 함께 달리니 더 멀리 갈 수 있었다. 나 혼자만 성장하는 것이 아니라 이제는 동반 성장의 여정이 되었다. 지금도 제대로 배우기 위해 가르친다. 속도 조절도 다소 편해졌다.

나는 내로라하는 사관학교 선배, 동기들 속에 꼴찌 입학이라는 불명예스러운 꼬리표를 달고 시작했다. 스무 살, 무너진 자존심으로 공부에 소홀했던 시간도 있었지만, 잘했던 건 포기하지 않고 버텨 낸 일이다. 작전참모 생도의 직책을 맡아 축제 기획과 입교 천 일을 기념하는 행사를 진행하는 것을 지켜본 동기들은 나를 '아이디어 뱅크'라고 불러주었다. 이어 그들의 추천으로 생도대장상을 탔다. 그 작은 경험이 쌓여 30대에는 '열정의 대명사'라 불릴 만큼 헌신적으로 일했다. 때론 비바람에 흔들리기도 하고 잔가지가 부러지는 실패도 경험하면서 성장했던 24년간 군 생활은 어려움을 극복할 수 있는 체력과 정신력을 갖게 했다. 덕분에 N잡러로도 성공했다. 이제는 일잘러가 되기 위해 배운다. 내 삶의 목표는 일 중독자(workholic)가 아니라 거룩한 일잘러(Holy worker)가 되어 축복의 통로로 쓰임 받는 것이다.

물질의 축복

깨달음의 축복

만남의 축복

변화의 축복

비전의 축복

VVIP. 하나님의 Vision 품은 Viewtiful Planner라는 뜻이다. 50대를

앞둔 지금은 평일에는 간호학원장으로, 주말에는 교육 선교사 '바라보는 선생님'으로 초등학생들과 매주 책을 펼치며 세상을 배운다. 틈틈이 간호사 직업 체험 강사로도 활동하며 학교 교실과 아동복지 센터에서 초·중·고등학생들을 만난다. 작은 도서관에선 서평 교육을 하며 자원봉사자들을 돕고, 명예전역 지원 당시 품었던 약속을 지키기 위해 교육사령부와 육군부사관학교 교관 역량 개발을 위한 외부 강사로도 활동한다. 도움이 필요한 청소년들에게는 자기주도학습 코치로도 활동하고 있다. 올해는 성남시 1388 청소년지원단 복지지원단 단장의 기회도 주어져 위기청소년들을 돕고 있다.

전역 후 N잡러로 일하게 하시며 만남의 축복을 허락하시고 꿈을 실현하는 과정을 통해 더 큰 소망을 품게 하신 하나님께 감사드린다. 선선한 가을 문턱에서 사관학교 입교 후 처음 맞이하던 겨울이 생각난다. 엄마는 따스한 이불과 함께 '세상을 품는 자가 돼라.'라는 손편지를 함께 보내 주셨다. 어릴 적 원했던 기숙사 생활을 하느라 엄마의 임종을 지키지 못해 유언을 듣지 못했지만, 엄마는 이미 내게 삶의 태도를 알려 주셨던 게 아닐까? 언젠가 다시 활짝 웃으며 만날 엄마와의 재회를 기대하며 세상의 딸들에게 이 글을 부친다. 자리 차지하고 있는 자가 아닌, 쓰임 받는 자가 되기 위해 오늘도 배움의 기회에 감사하며 살자고.

해야 할 일과 배워야 할 것들로

주님과 멀어지기보다

주님 앞에 더 나아가길 기도드립니다.

삶이 말이 되는 질문

Q 나에게 주어진 시간과 기회를 통해,
나는 어떤 의미 있는 통로가 되고 싶은가요?

3

잘 놀다 간다. 잘 살다 간다

송주영

어릴 때부터 갖고 싶은 게 참 많았다. 뚜껑을 열면 쫙 펼쳐지는 36색 크레파스와 빙그르르 돌면 꽃봉오리가 만들어지는 분홍색 치마. 학생 때는 형형색색의 사쿠라 펜과 하이테크 펜이 가득 든 필통만 있으면 전교 1등도 할 수 있을 것 같았다. 주머니에 쏙 들어가는 MP3 플레이어도 터치패드를 탑재한 최신형 휴대전화도 잠자리에 누우면 아른거렸다. 결혼을 앞두고는 물욕의 규모가 극에 달했다. 18평도 되지 않는 군인 관사 안을 번쩍이는 가전제품으로 빼곡히 채웠다. 친구 결혼식에 들고 갈 명품 가방도 하나쯤, 그에 어울리는 구두도 갖춰야 했다. 배우고 싶은 것도 많고 하고 싶은 것도 많았다. 퇴근 후에는 지옥철을 뚫고 강남역 한복판에 있는 영어 학원에 다녔다. 일주일에 한두 번은 기타 레슨을 받고 직장인 밴드 모임에 나갔다. 베스트셀러에 오른 책들은 서점에 가서 표지라도 한 번 만져 봐야 직성이 풀렸고, 인기 있는 전시와 최신 영화는 무조건 봐야 했다. 운동도 여러 가지를 했다. 요가, 복싱, 수영, 방송 댄스, 재즈 댄스, 에어로빅까지. 뮤지컬 〈점프〉를 보고 난 후에는 마샬 아츠에 매력을 느껴 학원을 등록했다가 임신하여 포기한 적도 있다. 열심히 일해 모은 돈으로 위시 리스트의 물건들을 하나씩 지워나가고, 해 보고 싶었던 것을 하나씩 이뤄 갔다. 왜 그토록 하고 싶은 게 많고 갖고 싶은 게 많았는지 딱히 알 수 없었다. 행복을 좇기 위한 노력인지 아니면 그저 허세를 위한 욕망인지 경계가 불분명했다.

 아버지께 남은 생이 단 석 달 뿐이라는 말을 들었다. 진료실 안에 정적이 흘렀다. 보름 전 수술이 어렵다고 했을 때는 항암 치료만 버티면 나을 줄 알았는데, 기적은 영화에서나 나오는 일이었던가. 말문이 막힌 채 병실을 나와 진통제로 가득한 처방전을 받아 들었다. 할머니 말씀에 따르면 아버지는 젊었을 때부터 하고 싶은 걸 다 하고 사셨다고 한다. 어렸을 적 우리 집 거실 수납장 위에는 아버지가 타온 트로피가 가득했다. 테니스 대회, 볼링 대회, 배드민턴 대회…. 각종 협회에서 찍어 낸 금색 트로피가 크기별로 다양했다. 어떤 것은 네 살 난 동생 키만큼 컸다. 나라면 쳐다도 안 볼 제목의 책들도 많았다. 바둑, 낚시와는 평생 친구셨다. 병을 알기 전까지는 골프에 빠져 평일에도 몇 번씩 필드에 나가셨다. 병실에서도 골프 채널만 보실 정도였다.

 정확히 3개월 후 아버지의 빈소에서 친구분들을 뵈었다. 어릴 때부터 알고 지내던 환갑을 갓 넘긴 아저씨들이 그날따라 유난히 젊어 보였다. 생전 아버지께 묻지 못한 것이 있었다.

"저희 아버지라면 비석에 어떤 말을 남기셨을까요?"

친구분 대답에 눈물 섞인 웃음이 터져 나왔다.

"자알 놀다 간다 할 것 같은데, 딱이지?"

잘 놀다 가신 아버지는 과연 '잘 살다' 가신 걸까. 아버지께서 놀다 가신 그 시간 동안 어머니는 모든 집안일을 도맡아 하셨다. 거실 전등을 가는 일도 고장 난 라디오를 고치는 것도 어머니 몫이었다.

"영아, 뭐 가져갈 거 있나 봐라."
취미 용품으로 가득한 아버지 유품을 보니 어릴 때는 잘 몰랐던 어머니의 고생스러움이 느껴졌다. 이삿짐을 정리하며 오가는 거친 손길에 가슴이 아렸다. 아버지의 인생은 즐거움이었겠지만 누군가에겐 외로움이었으리라. 손때 묻은 골프채 하나를 들고 와 거실 한편에 세워 두었다.

나는 아버지를 빼닮은 것 같다. 집에 기타만 종류별로 세 대가 있다.

88 건반 전자피아노에 각종 운동용품, 테트리스를 방불케 하는 책장. 장롱에는 언제 샀는지도 모를 옷가지들로 빈틈이 없다. 시공간을 빈틈없이 채워 나가면 내 인생이 풍요로워질 줄 알았던 걸까. 내가 갖고 싶고 배우고 싶던 모든 일이 과연 무엇을 위한 것인지. 나는 생애 끝에 무엇을 남기게 될지 생각에 잠겼다.

아버지가 돌아가신 지도 벌써 만 5년이 넘었다. 아이는 아직도 할아버지 하면 생각나는 것들이 많다고 했다.

"엄마, 할아버지 농구 진짜 잘하셨잖아. 3점 슛도 한 번에 넣으셨어."

아직도 할아버지가 가르쳐 주신 방식으로 종이비행기를 접는다고 했다. 내가 어릴 때 배운 방법 그대로다. 종이접기뿐 아니라 자전거, 볼링, 자치기, 쥐불놀이, 카드 게임, 장기 등 내가 할 줄 아는 모든 잡기는 다 아버지께 배운 것이다. 손에 남은 건 낡은 골프채 하나이지만 가슴에는 수많은 기억이 숨 쉬고 있다.

혼자만 즐거운 취미 생활은 슬슬 접기 시작했다. 가족과 더 많은 것을 함께 하기 위해 노력하는 중이다. 지난가을엔 자전거를 타고 남한강 변을 따라 양평까지 다녀왔다. 남편이 선두로 나서고 그 뒤로 아이와 내가 줄지어 달렸다. 두물머리에 자전거를 세워 놓고 연잎 핫도그를 사 먹는데 어찌나 맛있는지 땀이 쏙 들어갔다. 집에 오는 길에는 우연히 발견한 야외의 미나리 전집에서 늦은 점심을 먹었다. 갑작스러운 소낙비가 뜨거운 미나리 전 위로 툭툭 떨어지는데 서로의 당황한 표정을 보고 그만 웃음이 터졌다.

얼마 전에는 아이가 수학 문제를 풀다가 어려운 부분이 있다며 문제집을 들이밀었다. 온 가족이 씨름한 끝에 남편이 풀이에 나섰다. 개념부터 원리까지 가족 회의하듯 함께 풀어 가던 중 아이가 "와, 이렇게 하니까 이해가 되네! 수학도 꽤 재미있는 거였어!"라고 외쳤다. 자신감에 찬 어깨가 참 기특했다.

한강 변을 따라 우거진 수풀과 시원한 가을바람, 땀 흘리며 먹은 핫도그의 달콤함, 소낙비에 젖은 음식을 보고도 웃을 수 있는 느긋함, 온 가족이 함께 풀었던 수학 문제, 찰나에 느낀 뿌듯함. 이 모든 게 아이의 가슴에 남기를. **일상의 작은 부분에서도 행복을 느끼는 마음의 여유야말로 내가 그에게 남길 수 있는 가장 훌륭한 유품이기를 바란다.** 그 언젠가 "자알 살다 간다."라고 당당히 말할 수 있도록 말이다.

> **삶이 말이 되는 질문**
> **Q** 삶의 마지막 순간에 남기고 싶은 말은 무엇인가요?

4

다시 일어서 나아가다

심 화 정

잘 산다는 건 멈췄다가도 다시 시작하는 힘을 지니는 일이다. 완벽해지려 애쓸 필요도, 끝까지 달려야 할 이유도 없다. 멈추고 흔들리며 길을 잃기도 하지만 결국 다시 일어서는 용기에서 삶은 시작된다.

한때 나에게 '잘살다'라는 말은 성과를 내는 일이었다. 계획한 일을 끝까지 해내는 사람이야말로 '잘 사는 사람'이라고 믿었고 오래도록 성과와 기준에 매달려 살아왔다. 운동을 계획했다가 끝까지 해내지 못하면 의지가 약한 것으로 생각했다. 필라테스를 두 달 만에 그만둔 일, 테니스를 배우다 무릎 통증으로 중단한 일, 헬스장을 다니다 흐지부지 멈춘 순간들까지. 나는 그때의 나를 실패한 사람으로 여겼다. 하지만 지금 돌아보면 나는 지난 15년 동안 다양한 운동을 꾸준히 해 왔다. 잠시 쉬어 간 적은 있어도 완전히 멈춘 적은 없었다. 끊어진 줄 알았던 시간은 보이지 않게 이어져 있었고 그 경험들이 지금의 나를 만들었다. 삶은 계획표처럼 움직이지 않는다. 잘 산다는 건 무너지지 않는 삶이 아니라, 넘어져도 다시 일어설 용기를 갖는 일이다. 멈췄던 순간들이 실패를 뜻하는 것은 아니었다. 다만 그 사실을 깨닫는 데는 오랜 시간이 걸렸다.

 삶은 늘 새로운 모습으로 다가왔다. 첫아이를 임신한 후 15kg이 늘었다. 둘째를 연달아 임신하면서 몸은 더 빠르게 변했다. 살찌지 않는 체질이라 생각했던 몸은 체중계 숫자와 함께 낯설게 변해갔다. 거울 속의 나는 예전의 내가 아니었다. 옷장 속의 옷들은 나를 거부했고, 늘어난 몸무게보다 마음이 더 무겁게 느껴졌다. 그때 잠시 멈췄던 운동을 다시 시작하기로 마음먹었다.
 주 5일 운동. 계획은 단순했지만 지키는 건 쉽지 않았다. 한 달 뒤 달력을 펼쳐 보니 운동한 날보다 쉬어간 날이 더 많았다. 살이 빠졌다가도 다시 찌는 과정을 여러 번 반복했지만 멈추지 않고 1년을 이어 갔다. 예전처럼 몰아붙이지 않았다. 운동을 거른 날엔 속으로 말했다. '오늘은 쉬어도 괜찮아. 내일 다시 시작하면 돼.' 나를 믿고 스스로 토닥이는 여유가 마음속에 자리하고 있었다.

 운동과 더불어 간헐적 단식을 시작했다. 오전에는 운동과 함께 공복을 유지했다. 점심을 한 끼 먹고 저녁 6시가 되기 전에 간식을 간단하게 먹었다. 18시간 공복을 유지하는 식사 습관은 단순한 다이어트 방법이 아니라, 나를 돌보는 방식이었다. 저녁 시간엔 남편과 아이들을 위해 두 번 식사를 준비하다 보니 정작 내 식사는 대충 때우는 경우가 많았다. 간헐적 식사로 점심 한 끼에 온전히 집중하게 되면서 식사에 더 정성을 쏟게 됐다. 떨어졌던 입맛도 돌아왔다. 영양소가 고루 담긴 음식을 예쁜 접시에 가지런히 담았다. 하루 한 끼 식사는 나를 보살피는 식사가 되었다.

늘 하루 한 끼만 먹는 건 아니었다. 친구들과 저녁을 함께 할 때도 있었고, 아이들이 잠든 밤 남편과 술잔을 기울이며 야식을 곁들이는 날도 있었다. 주말에는 온 가족이 함께 식사하며 식탁에서 이야기꽃을 피웠다. 식탁 위엔 음식보다 가족의 사랑과 웃음이 먼저 올라왔다. 하루 한 끼만 고집했다면 간헐적 단식 역시 오래 이어 가지 못했을 게 분명했다. 식습관 변화는 억지로 참고 버틴 결과가 아니라 삶 속에 스며든 자연스러운 흐름이었다.

운동과 식이조절 모두 1년간 이어졌다. 그 결과 7kg을 감량해 목표 체중에 도달했고 지금도 무리 없이 유지하고 있다. 체중이 조금 늘어도 괜찮다. 건강한 생활을 이어 가면 언제든 다시 돌아올 수 있다고 믿는다.

멈췄다가 다시 걷는 사람을 볼 때면, 나는 그 발걸음 속에 담긴 용기를 들여다보게 된다. 사람을 움직이는 힘 가운데 가장 단단한 건, 포기하지 않는 마음이다. 간호장교 시절 금연 프로그램을 맡았을 때였다. 하루 한 갑 넘게 담배를 피우던 부사관이 있었다. 그는 담배를 끊었다가 다시 피우기를 수없이 반복했고, 상담실 문을 열 때마다 어깨가 축 처져 있었다. 계속된 금연 실패로 속상해했고, 나는 실패가 아니라 과정일 뿐이며 다시 도전하려는 마음이 더 중요하다고 위로했다. 그날 이후에도 그는 담배를 피우고 끊기를 반복했다. 그래도 매번 포기하지 않고 상담실 문을 다시 두드렸다. 금연을 위해 지갑에 딸 사진을 넣고 다니며 담배가 생각날 때마다 수시로 들여다본다고 했다. 그 간절함으로 작은 시도들이 쌓이고 쌓여 결국 그는 금연에 성공했다.

삶은 흔들림 속에서 중심을 찾아가는 여정이다. 파울로 코엘료는 『연금술사』에서 말했다. **"넘어질 때마다 우리는 다시 일어설 힘을 배운다."** 예전의 나라면 중간에 그만둘 바엔 시도조차 하지 않는 게 낫다고 말했을지 모른다. 넘어지고 일어서는 것, 멈췄다 다시 걷는 것 모두 삶이라는 긴 여정의 일부이다. 때로는 멈춤이 쉼이 되고, 쉼이 다시 나아갈 힘이 된다. 그 과정을 겪으며 우리는 자신을 바라보는 눈도 조금씩 달라진다. 잘 풀리지 않는 날에도 나 자신에게 이렇게 말해 주자.
"그럴 수 있다.", "오늘은 여기까지면 충분하다."
그 마음 덕분에 우리는 내일도 각자의 속도로 다시 걸음을 내디딜 수 있다.

목표 체중에 도달한 지금도 나는 조금 더 건강해지기 위해 천천히 움직이고 있다. 계획대로 되지 않은 시간, 멈춰 섰던 날들, 흔들리며 주저앉고 싶었던 순간들까지. 모두가 나를 단단하게 만들었다. 잘 산다는 건 완벽하게 사는 게 아니라 다시 일어설 수 있는 마음을 간직하는 일이다.

> **삶이 말이 되는 질문**
> **Q** 오늘 하루, 멈춰 서서 잠시 쉬어가는 건 어떨까요?

5
세 가지 다짐, 나를 바꾸다

이다인

병동에 고성이 오갔다. 수술 후 환자의 진통제 처방을 위해 의사에게 전화를 걸었던 게 화근이었다. 수술 중 벨 소리가 집중을 방해했다고 했다. 나와 군의관의 계급은 같았다. 좀스럽게 따져보면 호봉은 내가 더 높았다. 같은 육군 대위였지만 의사와 간호사는 오더를 주고받는 관계라는 점에는 변함이 없다. 의사의 기분을 상하게 하면 될 일도 안 되는 경험을 많이 했다. 병동에는 내가 돌봐야 하는 환자가 70명이었다. 나는 빠르게 사과했다. 군 병원의 미션은 언제나 '환자 우선!(Patient, First!)'이다. 내 청춘이 담긴 군 생활을 뒤로하고 복무 연장 신청은 하지 않겠다고 간호부장에게 말했다. 우습게도, 전역을 결심하게 된 이유는 자격지심이었다.

전역을 했고 직업을 구했다. 월급은 200만 원이 채 되지 않았지만, 집 근처에서 일하며 아이를 돌볼 수 있다는 점이 큰 장점이었다. 대학 행정 조교를 했는데 학과장님께서 잘 챙겨 주었다. 간호장교 출신이 우리 학과 조교로 왔다고 행정실을 돌며 인사를 시켜 주었다. 전역 후 첫 직장이라 설렜고, 맡은 일을 하나씩 배워 가며 적응했다. 그해, 우리 학과에 나와 동갑인 교수가 부임했다. 겉으로는 교수와 조교의 관계였지만, 가끔은 서로 마음을 털어놓는 친근한 사이로 발전했다. 학과장과 동갑내기 교수는 나를 존중해 주었고 배려도 아끼지 않았다. 특히 교수들의 점심 식사에 나를 불러 줄 때면 소속감과 함께 일종의 동료의식도 느꼈다. 하지만 교수들과 어울리는 모습에 불편함을 느끼는 동료들이 있었다. 조교실에서는 "행정 조교인지 교수인지 모르겠다."라는 수군거림이 들려왔다. 아마 그들은 내가 자신들과 더 어울리길 바랐을 것이다. 시간이 지날수록 나는 점점 위축되었고, 결국 6개월 만에 일을 그만두었다. 나를 그만두게 만든 건 동료들의 핀잔이 아니라, '교수가 된 또래와 나'를 비교하며 자신을 괴롭힌 마음이었다.

인생의 마지막 직장은 공군 군무원이었다. 삶은 평온했다. 10년 경력의 간호사로서, 군대 문화에 익숙한 민간인으로서 적당히 어렵지도, 쉽지도 않은 일을 했다. 9명의 전공의와 함께 일했고, 간호사는 나 혼자였다. 일을 즐기며 성실히 하다 보니, 공군 간호 요원 중 친절 근무자 1등을 4분기 연속으로 받았고, 포상 휴가까지 받게 되었다. 퇴근 1시간 전에는 동료들과 축구를 하는 나름 편한 보직이었다. 하지만 고충이 있었다. 대위 이다인과 군무원 이다인은 같은 사람인데, 말의 힘이 달라졌다. 6급이 결코 낮은 직급이 아니었지만, 군인과 비교할 수 없었다. 의견은 은근히 무시당했다. 사실 간호장교와 군무원으로 일한 세월이 13년이다. 이런 상황을 수도 없이 겪었다. 간호사 시절 대부분은 감정 노동을 했고, 내 감정과 상관없이 상대방이 원하는 감정을 표현하는 가면을 쓰고 살아왔다. 그렇게 아무렇지 않은 척 살아왔지만, 어느 날 평소처럼 걸려 온 민원 전화 한 통에 번아웃이 찾아왔다.

돌아보면, 나는 늘 자격지심과 비교 속에서 살았다. 의사가 아니라 간호사라서, 교수가 아니라 조교라서, 군인이 아니라 군무원이라서. 언제나 나의 자격과 신분을 다른 사람과 비교하며 나 자신을 깎아내렸다. 연봉도 연금도 있는 안정적 직장을 떠나기로 결심했다. 서른일곱, 사람들의 만류에도 불구하고 다른 삶을 살겠다고 마음먹었다. 아리스토텔레스는 "위대한 것은 갑자기 이루어지지 않는다."라고 말했고, 아인슈타인은 "어제와 똑같이 살면서 다른 삶을 기대하는 것은 미친 짓이다."라고 했다. 군에서 나오며 나는 새롭게 살겠다고 결심했다. **새로운 삶을 원한다면, 어제와 다른 선택을 해야 했다.** 그래서 나는 아예 바닥부터 다시 시작하기로 했다. 더 이상 자격지심에 휘둘리거나 남과 비교하는 삶이 아니라, 오직 어제의 나와 오늘의 나를 비교하는 삶을 살고자 했다. 잘 살기 위해 세 가지 원칙을 세웠다.

첫째, 배우고 준비하는 것이다. 배움은 언제나 다시 시작할 힘을 준다. 서른이 넘어 처음 배우는 일이라도, 멈추지 않고 준비하면 길은 열린다. 배움의 주체는 책이 될 수도 있고, 사람이 될 수도 있으며, 자연이나 새로운 기술이 될 수도 있다. 나는 실제로 평생 교육학, 심리 상담, 성격 분석, 인재 평가, 데이터 분석, 산업 안전 보건, 아로마 테라피 등 다양한 분야를 새롭게 배웠다. 강의 한 시간을 맡더라도, 인터넷 강의나 유튜브 채널을 최소 24시간 이상 찾아보고 공부했다. 같은 교안을 쓰는 것을 경계하고, 매번 철저하게 새롭게 준비했다. 배움은 나에게 단순한 습관이 아니라, 다른 삶으로 가는 첫걸음이었다.

둘째, 실천하는 것이다. 방법이 잘 보이지 않아도 일단 움직였다. 흉내 내는 것조차 좋은 시작이었다. 흉내는 곧 습관이 되고, 습관은 결국 실력이 되었다. 중요한 것은 한번 해 보고 끝내지 않는 것이다. 야구 선수가 타격을 잘하려면 방망이를 휘두르는 것 외에는 다른 비법은 없다. 수없이 휘두르는 것, 그것이 곧 실력이다. 골프 선수도 마찬가지다. 웨지 샷 20m를 보내는 단순한 훈련을 수백만 번 반복한다. 단순한 행동이 쌓여 놀라운 차이를 만든다. 데이터 분석을 처음 배울 때가 그랬다. 프로그래밍 언어로 코드를 실행하면 늘 에러가 났다. 같은 코드를 수십 번 고치고, 실행하고, 다시 실패했다. 하지만 그 반복 덕분에 단순한 문법이 아니라 문제를 해결하는 방법을 몸으로 익혔다. 강의 준비도 마찬가지였다. 한 시간을 강의하려면 방대한 자료를 보고 또 보았다. 유튜브 강의도 반복해서 들었고, 노트에 여러 번 정리했다. 같은 내용을 다섯 번, 열 번 설명해 보며 내 언어로 표현하는 훈련을 했다. 반복이 쌓이자, 지식은 머리에만 있는 것이 아니라 입과 몸으로 자연스럽게 흘러나왔다. 산업 안전 분야의 새로운 법이나 가이드라인이 나오면 단순히 읽고 끝내지 않았다. 실제 현장에서 어떻게 적용되는지 시뮬레이션하고, 전문가에게 문의했다. 그러면서 책에서 얻은 지식이 현장에서 살아 움직이는 것을 체감할 수 있었다. 실천은 반복을 통해 길이 된다. 반복은 나를 단련시키고, 결국 나를 성장시켰다.

셋째, 마음을 다하는 것이다. 단순히 열심히 일하는 것이 아니다. 『끌어당김의 법칙(The Law of Attraction)』이라는 책에서 생각과 감정이 현실을 끌어당긴다는 내용을 읽었다. 내가 어떤 생각을 하느냐에 따라 그 에너지가 반드시 나에게 찾아온다는 것을 체험했다. 에어비앤비를 운영할 때도, 쇼핑몰을 운영할 때도, 스타트업을 하면서도 호되게 망해 보았다. 하지만 대충 해 보자는 선택지는 내게 없었다. 결과가 어떻든 그 과정에서 늘 최선을 다했다. 그 순간만큼은 그 일이 내 전부였고, 그래서 실패조차 배움으로 남았다. 산업 안전 보건교육을 맡았을 때, 그 분야의 전문가가 된 것처럼 몰입했다. 인재 평가를 맡았을 때도 마찬가지였다. '나는 지금, 이 순간 인사·조직 전문가다.'라는 마음가짐으로 임했다. 엄마로서, 대학원생으로서, 직장인으로서, 사업가로서 언제나 같은 태도로 살아왔다. 마음을 다한다는 것은 단순히 열심히 하는 것과 다르다. 간절히 원하고 집중하면, 결국 그 마음이 운을 끌어당겨 새로운 기회를 만들어 준다. 진심으로 임하면, 그 모든 일들은 나를 성장시키는 과정이 된다.

얼마 전, 내가 원하던 기회가 찾아왔다. 한 기관으로부터 강의 요청을 받았는데, 조건이 '시간당'이 아니라 '10분당 강의료'였다. 순간 눈을 의심했다. 금액 때문이 아니었다. 그보다 돈을 받지 않아도 기꺼이 하고 싶은 일이라는 사실이 나를 설레게 했다. 문자로 그 제안을 확인한 순간, 빨간 신호등 앞에 서 있던 나는 초록 불로 바뀌는 거리를 건너고 있었고, 세상이 슬로우 모션처럼 느려졌다. 사람들 사이로 산뜻한 바람이 불어왔다. 인생의 반전은 어느 날 갑자기 찾아오지 않았다. 배우고, 실천하고, 마음을 다했던 하루하루가 모여 삶을 바꾸었다. **지금 누리는 만족은 완벽해서가 아니라, 있는 그대로의 나를 인정하고 최선을 다해 살아온 결과다.** 잘 사는 것은 거창하지 않았다. 비교 대신 성장에 집중하고, 주어진 순간마다 최선을 다하는 것. 그것이 내가 찾은 '잘 사는 비법'이다.

삶이 말이 되는 질문
Q 오늘, 배우고 실천하며 마음을 다한 일은 무엇이었나요?

6

새로운 여정, 웰리빙으로 시작하다

이 순 영

내 나이, 어느덧 지천명(知天命)이다.

올해 초, 후배가 불혹(不惑)의 나이에도 유혹에 흔들려서 고민이라고 털어놓았다. 그땐 시간이 답이라며 웃어넘겼지만, 정작 내가 갈대처럼 흔들린다. 하늘의 뜻은 고사하고 삶의 방향을 모르겠다고 느껴질 때가 있다. 나날이 나이 듦을 생각하는 시간이 많아지고, 세월의 무게만큼 내 삶에도 주름이 진다. 몸만 그런 게 아니다. 마음과 정신에도 나도 모르게 세월이 스며든다. 가끔 사소한 일에 고집을 부리고 괜스레 예민해지는 나를 마주할 때면 '나이 들고 있구나.' 싶다. 노안과 기억력 저하로 자신감이 흔들리고 나이 탓하는 버릇도 생겼다. 그래서 언제부턴가 '나잇값 제대로 하는 어른'으로 살고 싶다는 소망이 생겼다. 다음 세대에 전할 만한 지혜와 삶의 이야기를 엮어 내고, 매 순간 당당하게 나잇값 치르며 살고 싶다.

그 고민 속에서 웰리빙(Well-living), 즉 '잘 사는 삶'이라는 개념을 만났다. 노년까지 건강하게 살고 싶어 건강운동관리학과 생활습관의학을 공부하면서 신체, 정신, 사회적 건강을 아우르는 웰빙(Well-being)과 웰니스(Wellness)의 관점을 이해하게 되었다. 그러다 건강을 단순한 '상태'로 보는 것이 아닌, 그 상태를 스스로 만들어 가는 과정이라는 점에서 나는 '웰리빙'이란 단어에 주목했다.

내가 말하는 웰리빙은 단순한 건강 관리나 순간의 행복이 아니라, 삶을 주체적으로 설계하고 지속적으로 성장하려는 삶의 태도이다. 몸의 건강, 마음의 평온, 관계의 조화, 삶의 의미가 균형을 이룰 때 비로소 웰리빙은 완성된다. 이는 외부 기준이 아닌, 나에게 의미 있고 지속 가능한 건강과 행복을 스스로 만들어 가는 여정이다. 작은 습관 하나까지도 의식적으로 선택하고 행동으로 이어 가는 것이 핵심이다. 식사와 운동, 수면, 여가, 정서 관리, 사회적 연결을 통해 몸과 마음을 돌보고, 그 크고 작은 선택들을 하루하루 쌓아 삶의 결을 단단히 세워 가는 것. 이것이 바로 내가 생각하는 웰리빙의 본질이다.

퇴직 후 나의 하루는 24시간이 열려 있고, 그 시간을 어떻게 채울지는 온전히 내 몫이다.
매 순간 스스로 결정하지 않으면 아무 일도 일어나지 않는다. 눈을 뜨는 순간부터 모든 게 '선택'이다. 밥을 먹을지 말지, 운동을 할지 말지, 새로운 일을 시작할지 말지. 그 선택들이 쌓여 삶의 결이 되고, 몸과 마음에 흔적으로 남는다. 잘 산다는 것, 즉 웰리빙은 특별한 무엇이 아니라 매 순간 좋은 선택을 하며 사는 것이다. 과거 습관을 깨고 건강한 습관으로 바꿔 가는 것은 어렵고 고단한 일이지만, 결국 '내가 나를 돌보는 방식'이 된다.

최근 들어 후배나 동료 코치로부터 미래 모습에 관한 질문을 자주 받는다. 그때마다 내가 그리는 모습은 '사람들의 웰리빙을 돕는 코치나 강사' 이미지다. 이것이 내 삶의 비전이라 믿으며, 생활 속 '운동과 식습관, 수면, 사회적 관계와 연결, 여가, 버킷리스트'로 몸과 마음 챙김을 습관화하고 실천한다.

내가 꿈꾸는 미래 나의 모습은 건강한 외모와 원하는 일을 거침없이 해내는 힘과 기능을 갖는 것이다. 이를 위해 매일 근력 운동과 유산소 운동을 한다. 매일 1시간 이상 빠르게 걷고, 여의치 않을 땐 일상 속 신체 활동을 늘린다. 가까운 곳은 걸어가고. 지하철을 이용할 땐 주로 계단을 이용한다. 에스컬레이터 앞에 길게 늘어선 사람들을 지나 계단을 오를 때면 괜히 어깨가 펴지고 발걸음이 당당해진다. 근력 운동은 스쿼트, 런지, 플랭크를 하루 목표량을 정해 짬짬이 한다. 하루도 놓치지 않기 위해 알람을 맞추기도 하고, 초기엔 지인들과 습관 챌린지를 하며 지금의 습관을 만들었다.

최근 "살이 빠졌냐? 어디 아픈 것 아니냐?"라는 걱정 어린 질문을 자주 받는다. 그런 걱정을 듣고 싶지 않아 특히 식습관에 신경을 쓰고 있다. 채소와 과일, 견과류, 곡물, 단백질 등 영양소를 골고루, 매 끼니 거르지 않고 먹으려 한다. 가능한 한 식품 구매부터 조리 과정에서 매번 좋은 선택을 하려고 노력한다. 특히 단백질과 칼슘 섭취에 신경을 쓰고, 노화를 늦추기 위해 항산화제가 풍부한 알록달록 채소·과일을 챙겨 먹는다. 가끔 단백질 섭취에 대한 집착이 친구들에게 놀림감이 되곤 하지만, 웃으며 넘긴다. 내가 지금 먹는 음식이 미래의 나를 만든다는 걸 아니까. 하지만 스스로 먹을 음식을 준비하는 일은 늘 귀찮고 번거롭다. 뜻대로 되지 않을 땐 '늙어 가족에게 짐이 되지 않으려면 지금 잘 먹자'는 다짐을 외친다.

또 다른 웰리빙 실천 행동은 수면을 관리하는 것이다. 예부터 잠은 보약이라고 했다. 수면은 단순한 휴식이 아니라 회복의 시간이다. 퇴직 후 출근 부담이 없어지자, 수면 패턴이 흐트러졌다. 규칙적인 패턴을 회복하고 최소 7시간 수면하기 위해 집중 노력을 했다. 취침 30분 전 알람도 맞추고 휴대폰과 TV도 멀리했더니 제법 효과가 있었다. 좋아하던 커피도 오전 한 잔으로 줄였다. 다행히 수면 루틴이 안정화되고, 몸도, 마음도 전보다 한결 가벼워졌다.

활발한 사회적 연결과 여가 활동도 나의 웰리빙 실천 중 하나다. 생활습관의학을 통해 이것들이 심신 건강에 얼마나 중요한지 알게 되었다. 다행히 나는 과로사가 우려될 정도로 많은 모임과 네트워크가 있다. 주변에 여가 활동을 함께할 사람도, 만남으로 위안을 받을 수 있는 사람도 제법 있다. 노년을 대비해 여생을 즐길 여가 활동을 준비하는 데도 정성을 쏟았다. 혼자서도 유유자적 즐길 수 있는 글쓰기와 그림 그리기, 독서, 그리고 사람들과 어울릴 수 있는 활동으로 골프와 파크골프를 선택했다. 원래 취미로 수채화나 유화를 그렸는데 최근에 어반 스케치도 배우고 있다. 스케치북과 펜 하나면, 어디서나 즐길 수 있기 때문이다. 가끔 좋은 사람들과 골프 라운딩을 즐긴다. 골프도 좋지만, 올해 접근성이 좋아 파크골프를 시작했다. 90세가 되어도 18홀 라운딩을 거뜬히 즐기는 것이 나의 목표이다.

나만의 마지막 웰리빙 비결은 삶을 풍요롭게 만드는 버킷리스트 관리다. 50세가 되면서 매년 버킷리스트를 작성하고 있는데 놀랍게도 연말이 되면 많은 것이 실현되는 경험을 한다. 지난 1월 스페인 여행 중 장시간 버스로 이동할 때 무료함을 달래기 위해 버킷리스트를 적어 보았다.

처음엔 하나도 떠오르지 않더니 몇 개를 떠올리니 아이디어가 꼬리에 꼬리를 물었다. 하나둘 늘어나는 목록을 보며 '꿈은 이루어진다.'란 문구가 떠올라 가슴이 벅찼다. KPC 코치 자격 취득, 아마추어 골프 대회 출전, 박사 과정 도전 등 버킷리스트가 67개나 된다. 반년이 지났는데, 이미 여러 개를 이루었다. 이 목록은 더 불어날 것이다. 이뤄지면 좋고 이뤄지지 않아도 괜찮다. 인생 버킷리스트를 볼 때마다 나만의 '비밀스러운 보물창고' 하나 생긴 것 같아 행복하다. 가끔 버킷리스트를 펼쳐 본다. 그것만으로도 입꼬리가 올라간다.

20년 후의 나는 이렇게 살고 싶다.
아침 산책을 마치고 차 한잔 앞에 두고 글을 쓴다. 오후엔 산책 중 만난 들꽃을 그리거나 책을 읽는다. 가끔 친구들과 골프 라운딩을 즐기거나 좋은 사람들과 멋진 곳에서 시간을 보낸다. 간간이 웰리빙 강의와 코칭 일정으로 고객을 만나고, 나답게 그 안에서도 숨 쉬고 있다.

'사람들의 웰리빙을 돕는 삶, 내 일상을 웰리빙으로 채워 가는 삶', 이것이 내가 꿈꾸는 나의 내일이다. 오늘도 나는 신중한 선택과 꾸준한 실천으로 미래의 나에게 다가간다.
귀찮지만 채소를 손질해 샐러드를 준비하고, 쉬고픈 유혹을 이기고 운동화 끈을 조이며 집을 나선다.

그리고 매일, 나에게 묻는다. **"나는 오늘, 나잇값을 했는가?"**

> **삶이 말이 되는 질문**
>
> **Q** 당신이 꿈꾸는 미래 모습을 위해,
> 자신을 위해 어떤 좋은 선택을 하고, 얼마나 실천하고 있나요?

7

커뮤니티와 함께 살아가다

장 정 현

　새벽 네 시 반. 알람을 맞추지만 대부분 설정 시간보다 조금 일찍 눈이 떠진다. 아들이 깨지 않도록 조용히 움직인다. 몸은 정해진 루틴에 따라 기계적으로 움직인다. 거실의 주황빛 은은한 조명을 켜고 체중계 위에 오른다. 인증 사진을 찍고 정수기로 향한다. 미온수 한 잔을 천천히 마시며 하루 계획을 점검한다. 이어 커피 머신으로 나만의 라테를 만들거나 간헐적 단식을 위해 물만 마시기도 한다. 운동과 함께 건강한 식습관을 지키려고 노력한다. 방심하면 예전의 무분별한 식습관과 인정하기 싫은 체중으로 금방 되돌아간다.

　5시가 되면 커뮤니티가 여는 줌 독서실에 입장한다. 공부, 독서, 필사 등 각자 원하는 자기 계발에 몰두하며 따로 또 같이 새벽 시간을 즐긴다. 5시 40분부터는 운동 시간이다. 화면에 공유된 영상에 맞춰 함께 운동한 후 단체 인증 사진을 찍으면 포인트가 지급된다. 이 새벽 커뮤니티 프로그램은 한 달 단위로 진행된다. 늘 자율적이고 투명한 의사결정을 존중한다.

　이어서 6시에는 커뮤니티 리더가 진행하는 인스타그램 라이브 방송이 시작된다. 아침 준비 상황에 따라 듣기만 할 때도 있고 상황이 안 되면 화면 녹화를 해뒀다가 나중에 확인한다. 방송에서 나눈 뉴스, 책, 최근 동향, 커뮤니티 행사 등의 정보가 궁금하여 놓치고 싶지 않기 때문이다. 6시 30분 라이브 방송이 끝나면 새벽 루틴도 함께 종료한다. 벌써 하루를 다 산 것 같다. 아직 아이의 기상과 등교 그리고 출근이 남았다. 지치지 않고 이어 가고 지쳐도 다시 일어설 수 있는 건 커뮤니티와 함께 살아가는 루틴의 힘이다. 루틴을 통해 축적되는 작은 성장의 합. 커뮤니티 없이 혼자라면 새벽 기상은 외로운 고행이 될 것 같다.

　커뮤니티의 이름은 '미사시'이다. '미래를 사는 시간'의 줄임말인 미사시는 코로나19가 유행할 무렵 시작되었다. 당시 인스타그램을 처음 접했던 나는 피드 올리는 법도, 메뉴 위치도 몰라 고군분투하던 중이었다. 그때 매일 새벽 6시 라이브 방송을 켜는 리더의 계정을 보고 방송을 보기 시작했다. 인스타그램과 여러 앱의 사용법을 차근차근 설명해 주는 내용이었다. 궁금했던 기능을 배우게 되고 재미있는 기능은 남편과 지인들에게 알려 주기도 했다. 아무런 대가 없이 새벽마다 라이브 방송을 열어 하나라도 더 가르쳐 주려 애쓰는 모습은 감동적이었다. 어렵고 멀기만 했던 디지털 세상이 재미있어졌다. 리더는 커뮤니티를 운영 중이며 당시 3기를 모집 중이라고 했다. 한 달 동안 새벽 기상 인증을 완료하여 미사시의 정식 회원인 '미사시언'이 되었다. 온라인상에서 다른 회원들과 함께 강의를 듣고 자격증 시험을 공부한 결과 무난히 합격했다. 새로운 형태의 온라인 소모임 학습 방식은 흥미로웠고 효율적이었다.

북 프로젝트라는 소모임도 함께한다. 매일 정해진 분량만큼 읽어 한 달에 한 권을 완독하는 독서 루틴 모임이다. 읽은 부분에서 인상적인 글귀를 필사하거나 사진으로 찍고 느낀 점을 카페에 기록하여 인증한다. 인증할 때마다 포인트를 쌓는다. 쌓인 포인트를 연말에 화폐로 환산하여 기부한다.

모든 프로젝트는 미사시 회원들의 재능기부로 진행하며 작가나 명사를 초청해서 강연할 때도 있다. 프로젝트를 진행하는 회원은 전문 분야의 경험과 실력을 아낌없이 나눠준다. 개인의 성장을 통해 기여하고 커뮤니티가 발전하는 선순환이 이뤄진다.

새벽 루틴 외에도 한 달에 한 번 오프라인으로 만나는 소모임이 있다. 단순히 이야기를 나누는 모임이 아닌 비폭력 대화를 공부하는 시간이다. 직업이나 관심 분야가 다른 사람들과 비폭력 대화의 필요성과 경험 사례를 나누는 시간이 흥미롭다. 처음엔 갈등과 소통의 어려움을 솔직하게 털어놓기 쉽지 않았다. 한번 털어놓고 나니 묵었던 감정이 해소되고 훨씬 더 편안해졌다. 공부하러 갔다가 덤으로 상담까지 받으니 후련해진 느낌. 한 달에 한 번 제대로 힐링하는 감사한 시간이다. 그렇게 2년 동안 함께 공부하다 보니 서로를 믿고 의지하며 속사정을 다 아는 친밀한 사이가 되었다. 회원들 간의 신뢰를 바탕으로 운영되는 모임이기에 더욱 특별하고 소중하다.

2022년 커뮤니티의 2주년을 맞아 첫 오프라인 행사가 있었다. 엄마 껌딱지인 일곱 살 아들을 데리고 참석해야 했다. 몇몇 아이들이 더 있어서 다행이었다. 아이를 데리고 참석할 수밖에 없는 사정을 누구보다 잘 이해하는 회원들이기에, 엄마들이 온전히 행사에 참여하도록 아이들 프로그램을 따로 마련해 주었다. 세심한 배려에 놀랍고 감사했다. 본명 대신 SNS 계정으로 사용하는 닉네임으로 서로를 부르며 줌에서 모여 운동을 하고 책을 읽고 글 쓰는 엄마의 커뮤니티 활동을 봐오던 아이는 열심히 사는 엄마의 모습을 칭찬한다고 했다. 아이의 진심 어린 소감에 엄마들은 모두 감동했다. 오프라인에서 처음 만나 이야기가 오가는 사이 관계는 확장되고 소속감은 더 강해졌다. 매년 9월마다 오프라인 기념행사를 이어오고 있다.

첫 오프라인 행사를 다녀온 지 얼마 되지 않았을 때였다. 남편의 황망한 비보를 커뮤니티 리더에게 전했다. 매일 새벽 함께하는 가족 같은 미사시언들과 당분간 루틴을 함께하지 못한다고 알렸다. 애도의 분위기에서 진행된 라이브 방송을 평소보다 일찍 종료한 커뮤니티 리더에게 전화를 받았다. 울지 않으려 애쓰며 떨리는 목소리로 위로해 주는 그녀가 친정 언니처럼 느껴졌다. 커뮤니티에서만 100명이 넘게 애도의 마음을 전해 왔고 리더를 비롯한 몇 사람은 직접 먼 길을 찾아와 주었다. 진심 어린 커뮤니티의 응원 덕분에 힘든 시간을 무사히 버텨 낼 수 있었다. 남편의 빈자리는 너무도 컸지만 미사시와 함께 보내는 루틴에 의지하며 슬픔을 털어 내려 애썼다. 커뮤니티의 리더와 회원들은 아이와 나를 위해 적당한 거리에서 배려하고 지지를 보낸다. 과하지도 않고 모자라지도 않을 만큼 경계를 존중하며 응원하는 이 관계가 고맙기만 하다.

미사시는 든든한 '믿는 구석'이다. 새로운 일을 마주하고 무엇부터 해야 할지 막막할 때 조언을 구하면 어렵지 않게 해당 전문가의 답변을 들을 수 있다. 그 분야를 잘 알고 있는 지인을 소개하기도 한다. 올해 아버지의 팔순 기념 대가족 행사 준비를 위해 웨딩 사업가인 미사시언의 조언과 소개로 스튜디오와 헤어·메이크업 숍을 소개받아 복잡한 과정을 무사히 마무리할 수 있었다. 혼자 준비하려면 막막한 일도 미사시언의 도움 덕에 새롭게 배워 가며 안심하고 추진할 힘이 생긴다.

하루가 미사시로 시작해 미사시로 끝나기도 한다. '이럴 거면 그냥 같이 살자.'는 농담이 나올 정도다. 가족보다 더 많은 시간을 공유하기도

하며 서로의 삶에 자연스레 스며들어 있다.

훗날 분야별 CEO가 되어 멋지게 차려입고 조찬 모임에서 만나 성공담을 나누자는 계획도 세웠다. 더 먼 미래에는 실버타운을 만들어 노년에도 함께 공부하며 나누는 삶을 이어 가는 꿈도 꾼다. 계획하면 그대로 실행하는 사람들이 모인 커뮤니티이기에 실현될 날이 기대된다.

코로나19로 셧다운을 겪던 시절 자기 계발형 온라인 모임이 많았지만 계속 유지되는 곳은 많지 않다. **미사시 커뮤니티가 지금까지 계속되는 비결은 개인의 이익보다 서로의 성장을 응원하며 배려와 기여의 가치를 추구하기 때문이다.** 앞으로도 지금처럼 커뮤니티 안에서 좋은 사람들과 좋아하는 일을 하면서 나답게 살고 싶다. 타인과 비교하지 않고 어제의 나와 비교하여 오늘 하루만큼 성장했다면 충분하다.

3주년 행사에서 '**함께 배우고(Learn Together), 함께 나누고(Share Together), 함께 성장하자(Grow Together).**'라는 캐치프레이즈를 만들었다. 그 문구처럼, 커뮤니티 안에서 사랑을 나누고 응원하고 열정을 불태우며 배움의 끈을 놓지 않는 미사시언의 삶이 정말 좋다.

> 삶이 말이 되는 질문
> Q 나를 성장시키는 루틴이 있다면 무엇인가요?

마치는 글

나정순

"사해에서 예리고까지 석류 향이 온통 퍼져있도다." 아모스 오즈의 소설 『첫사랑의 여름』에 나오는 이 문장을 읽을 때마다 주인공 숌히의 기쁨이 그대로 전해진다. 문학을 통해 삶의 감동을 나누고자 하는 꿈을 품고 있다. 이번 에세이를 존경하는 동문들과 함께 쓰게 되어 매우 뜻 깊게 생각한다. 우리가 상상력과 호기심, 열정을 잃지 않는다면 머지않아 또 다른 책으로 독자 여러분을 뵙게 되리라 믿는다.

방연주

프로젝트 기획, 평가 등 이미 계획된 일만으로도 숨 가쁜 여름이었다. 워라밸의 역행자로 살고 있을 만큼 바빴던 터라 공저 제안에 선뜻 답하지 못하던 중 후배로부터 연락이 왔다. 10년 만의 재회. 번아웃으로 휴직 중 최근 내 책을 읽고 용기를 얻었다고 하며 환한 표정으로 꿈을 이야기했다. 내 삶이 누군가에게 위로가 되고 꿈꾸도록 도울 수 있다는 것에 감사해 도전하기로 했다. 부담감을 기대감으로 바꾸며 최고의 북(Book)캉스를 즐겼다. 치열했던 한여름 밤에 펼쳐진 과거, 현재, 미래에서 나를 만난 시간여행 속에서 쉼을 얻는다.

송주영

잠이 오지 않는 날에는 생각이 많아진다. 그날 있었던 일들을 곱씹어 보거나 옛 추억을 떠올리며 감상에 잠기기도 한다. 그러다 보면 누군가에게 진심 어린 메시지를 전하고 싶은 순간도 생기고, 깊은 성찰과 함께 깨달음을 얻을 때도 있다. 당장 일어나 글을 쓰고 싶은 욕망에 가슴이 두근대지만 이내 눈을 질끈 감고 자세를 고쳐 눕는다. 다음날이면 또 하나의 부끄러운 추억이 돼 버릴까 두렵기 때문이다. 수줍음이 사그라들 때쯤 펜을 든다. 너무 솔직한 표현에 걱정도 되지만 시름없는 척 툭 털어놓아 본다. 새벽에 찾아든 손님 같은 이야기, 누군가에겐 반가운 위로가 되길 바라며 용기를 낸다.

심화정

우연히 마주한 기회로 글을 쓰기 시작했다. 가족과 나눈 대화, 청명한 하늘, 코끝에 스치는 가을의 향기. 평소라면 그냥 스쳐 지나갔을 장면들이 이제는 내 삶의 언어로 남는다. 앞만 보고 달리던 내가 문득 주변을 돌아보고, 내 마음을 더 깊이 들여다보게 되었다. 오랫동안 말로 사람들과 소통하고 도움을 주며 살아왔다. 이제는 강사도, 교관도 아닌 평범한 주부로서 글을 쓴다. 내가 쓴 글이 오늘을 살아가는 우리 모두에게 작은 위로가 되기를 바란다. 이 길을 함께 걸을 기회를 주신 선배님들께 깊이 감사드린다.

이다인

'잘 사는 것'에 대한 질문은 존경하는 선후배와의 인연으로 이어졌다. 함께 책 쓰자는 제안은 달콤했지만, 현실은 노트북 한 귀퉁이엔 '제대로 쓰지 않으면 샷 건'이라는 압박감이었다. 미국 옐로스톤, 광활한 대자연 속에서 감성적인 글을 쓸 줄 알았지만, 현실은 고독과 열꽃, 자신과의 싸움이었다. 글을 쓰며 울고 웃었다. 그 또한 살아가는 것임을 또 배웠다. 그 과정을 묵묵히 지켜봐 준 코치님과 공저자에게 감사드린다. 앞으로 펼쳐질 새로운 이야기를 기대한다는 훈훈한 말 대신 오늘, 이 삶 하나를 완주한 나 자신을 칭찬하며 글을 마친다.

이순영

글쓰기는 내 일상의 쉼이다. 하지만 책 발간을 위해 공저를 시작했을 때 쉼은 곧 일이 되었고, 나는 그 무게 앞에서 흔들렸다. '왜 시작했을까?' 생각할 정도로 버거운 순간도 있었다. 그래도 한 문장을 쓰고, 다듬고, 다시 써내려 가는 과정에서 배움이 쌓였고, 마침내 완성된 글이 눈앞에 놓였다. 글감을 고르는 과정에서 지난 삶을 돌아보며 통찰과 위로를 얻고, 미래를 그려보며 선명해진 꿈과 만나는 설렘의 순간을 맞이했다. 실로 감사하다. 웰리빙으로 채워질 나의 내일에도 글쓰기는 쉼으로 함께할 것이다. 지난 몇 달의 고된 시간이 벌써 희미해졌는지, 언젠가 또 다른 글이 독자들을 만나는 발칙한 상상을 해 본다.

장정현

부모님의 지원과 관심 덕분에 어린 시절을 큰 어려움 없이 넉넉하게 보냈다. 가족은 어린 내게 가장 든든한 보호막이자 가장 큰 자랑거리였다. 부모님 품을 떠난 사관생도 시절부터 직접 부딪히며 인생을 하나씩 배워 가고 딱 아픔만큼만 성숙해지는 홀로서기 과정을 겪었다. 아직도 믿기 힘든 남편의 부재를 직면하며 글을 쓰는 내내 썼다 지웠다 무수히 반복했다. 그동안 말로 하지 못했던 아픔을 글로 써 내려간 고민의 시간. 내 고민의 글이 힘든 시간을 보내고 있을 누군가에게 조금이라도 위로가 된다면 좋겠다. 복잡한 감정들 속에서도 나다움을 잃지 않고 아름다운 성장을 위한 새로운 도전을 이어 가고 있다.

보다: 새로운 시선으로

당신은 지금 무엇을, 어떤 태도로 바라보고 있나요?

묻다: 세상을 향해

당신의 발길을 멈추게 한 질문, 당신을 멈칫하게 한 질문은 무엇인가요?

만나다: 소중한 인연을

지금 당신 마음속에 떠오른 인연은 누구인가요?

말하다: 나의 언어로

당신은 오늘 어떤 질문으로 세상과 대화하고 있나요?

숨쉬다: 뜀걸음을 멈추고

오늘, 당신은 어떤 방식으로 숨결을 찾으셨나요?

잘살다: 나답게 단단하게

오늘, 배우고 실천하며 마음을 다한 일은 무엇이었나요?

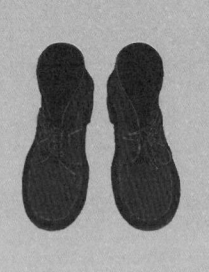